o trabalho no supermercado

o trabalho no supermercado

setores, funções e carreira profissional

Editora Senac São Paulo – São Paulo – 2017

Gerente/Publisher: Jeane Passos de Souza (jpassos@sp.senac.br)
Coordenação de Produção Editorial e Prospecção: Luís Américo Tousi Botelho (luis.tbotelho@sp.senac.br)
Márcia Cavalheiro Rodrigues de Almeida (mcavalhe@sp.senac.br)
Administrativo: João Almeida Santos (joao.santos@sp.senac.br)
Comercial: comercial@editorasenacsp.com.br

Consultoria técnica: Luiz Ratto
Redação: Ana Claudia Landi
Acompanhamento técnico-pedagógico: Claudio Ulysses F. Coelho
Projeto gráfico, diagramação e ilustrações: Gisela Costa Pinheiro Monteiro
Revisão: Maria José de Sant'Anna e Sonia Cardoso

Dados Internacionais de Catalogação na Publicação (CIP)
(Jeane Passos de Souza – CRB 8ª/6189)

SENAC. Departamento Nacional.
O trabalho no supermercado : setores, funções e carreira profissional / Departamento Nacional do Serviço Nacional de Aprendizagem Comercial. – São Paulo : Editora Senac São Paulo, 2017.

Bibliografia.
ISBN 978-65-5536-265-7 [Venda internacional]

1. Atendimento ao cliente : Comércio varejista : Supermercado 2. Supermercado : Comércio varejista : Vendas 3. Supermercado : Administração de vendas I. Título.

17-493s CDD-658.812
658.81
BISAC BUS000000
BUS0580010

Índice para catálogo sistemático:
1. Atendimento ao cliente : Comércio varejista : Supermercado 658.812
2. Supermercado : Comércio varejista : Vendas 658.81

Editora Senac São Paulo
Rua 24 de Maio, 208 – 3º andar – Centro – CEP 01041-000
Caixa Postal 1120 – CEP 01032-970 – São Paulo – SP
Tel. (11) 2187-4450 – Fax (11) 2187-4486
E-mail: editora@sp.senac.br
Home page: http://www.livrariasenac.com.br

nota do editor

O maior crescimento no setor de varejo é o dos supermercados. E, por sua vez, o varejo é um dos segmentos mais dinâmicos e competitivos da nossa economia. Os desafios não são poucos: crise econômica, mudanças tributárias, modelos fiscais... mas as lojas continuam se modernizando, os serviços são ampliados e aprimorados e o investimento em tecnologia é constante.

Nos supermercados, a informatização tornou-se um fator cada vez mais importante e, hoje, estima-se que mais da metade das lojas em todo o país esteja informatizada. Por conta da maior organização das atividades e da automação, os supermercados vêm adotando um padrão diferenciado de relacionamento com os clientes, exigindo melhor formação de seus funcionários.

Com o objetivo de apoiar os cursos de formação e aperfeiçoamento desenvolvidos para o setor supermercadista, de contribuir para um entendimento mais amplo do setor e incentivar as melhores práticas profissionais, esta segunda edição atualizada do livro *O trabalho no supermercado*, que conta com a participação do consultor de varejo Luiz Ratto, apresenta aspectos de administração e estrutura de empresas supermercadistas de grande, médio e pequeno portes, e aborda questões referentes à operação dos diferentes setores, detalhando as rotinas de trabalho, com informações técnicas sobre cada seção.

Com este livro, o Senac São Paulo apresenta esse vigoroso mercado de trabalho àqueles que estão em busca de uma ocupação que ofereça oportunidades de crescimento profissional, além de encorajar as pessoas já empregadas no setor a acreditar em uma carreira promissora.

sumário

primeira parte: o supermercado

segunda parte: o profissional

primeira parte

1

o supermercado

primeira parte

capítulo 1

O setor supermercadista

O varejo é um dos segmentos mais importantes, competitivos e dinâmicos da economia brasileira. Mas, afinal, o que é varejo?

Pode-se definir varejo como o conjunto das atividades comerciais que envolvem venda, seja de produtos ou de serviços, feita diretamente ao consumidor final e em pequenas quantidades. Já o setor atacadista vende para outros comerciantes, que, por sua vez, irão revender os produtos a seus próprios clientes.

Dentro do setor de varejo o supermercado foi o segmento que mais se desenvolveu nos últimos tempos. Os supermercados vendem grande variedade de mercadorias, particularmente gêneros alimentícios, bebidas, artigos de limpeza doméstica e de higiene pessoal e representam um importante mercado de trabalho.

Comércio tradicional de alimentos

Até o surgimento dos supermercados – ocorrido primeiramente nos Estados Unidos durante os anos 1930 e no Brasil vinte anos depois, como veremos adiante –, a comercialização de alimentos e de produtos de higiene e limpeza era feita pelo comércio tradicional, formado predominantemente por pequenas lojas especializadas, tais como mercearias, empórios, açougues, quitandas, lojas de secos e molhados, feiras livres, entre outras.

O sistema operacional era o de atendimento pessoal: vendedores e balconistas de um lado do balcão e clientes do outro. O atendente recebia o cliente e ia selecionando os produtos que ele pedia. Oferecia novidades ou alternativas para as mercadorias não disponíveis. O fato de cada cliente precisar ser atendido por um funcionário e este ter de selecionar cada item pedido diminuía a capacidade de atendimento dos estabelecimentos e tornava o custo operacional bem alto. O processo de compra era lento, ainda mais porque as lojas especializadas obrigavam o cliente a visitar vários estabelecimentos para completar sua lista de compras.

Naqueles tempos, eram as donas de casa que se responsabilizavam pelas compras – nas famílias mais ricas, as empregadas cuidavam disso. O fato de a tarefa de abastecimento da casa ser muito mais demorada do que hoje não constituía um problema, pois, na época, as mulheres não trabalhavam fora de casa, não tinham dupla jornada. Ao contrário, ir às compras era uma atividade agradável que ocupava o tempo delas.

Com o passar dos anos, as sociedades evoluíram. Fatores sociais e econômicos mudaram hábitos e conceitos e acabaram trazendo consigo novas necessidades de consumo.

O sistema de autosserviço

Nos Estados Unidos – berço dos supermercados modernos – um dos importantes desencadeadores de mudanças foi o "crack" da Bolsa de Valores de Nova York, ocorrido em 1929, e a chamada Grande Depressão, que se deu como consequência direta do primeiro.

Com a Grande Depressão, a sociedade americana passou por uma verdadeira revolução. Riquezas viraram pó, inúmeras empresas faliram, muita gente perdeu o emprego. Mesmo quem se manteve empregado ou conseguiu um novo posto teve de aceitar salários mais baixos. As famílias sofreram violentíssima redução de renda.

O "crack" da Bolsa de Nova York

A década de 1920 foi um período de prosperidade e otimismo nos Estados Unidos. Após a Primeira Grande Guerra (1914-1918), o declínio do capitalismo europeu contrastou com a ascensão norte-americana, que experimentou uma fase de grande euforia financeira sem precedentes na história do país. As indústrias aumentavam sua produção e os empregos estavam em alta.

O símbolo dessa prosperidade erguia-se numa ruela estreita e sinuosa, no coração financeiro dos Estados Unidos. Em Wall Street, estava a Bolsa de Valores de Nova York, o templo americano da especulação.

Segundo o Almanaque Abril, de 1925 a 1929 os títulos negociados passaram de 27 para 87 bilhões de dólares. Mas essa fase de abundância teve dia marcado para terminar. Em 24 de outubro de 1929, as cotações despencaram na Bolsa de Nova York. Nesse dia, cerca de 13 milhões de títulos foram vendidos pela metade do preço.

O "crack" da Bolsa de Nova York foi apenas o primeiro episódio da tragédia que se seguiria com a Depressão dos anos 1930. A crise financeira desencadeou a crise econômica, de produção e de força de trabalho, que durou quase uma década e fez sofrer milhões de pessoas em todo o mundo, marcando o fim de uma era de prosperidade.

O primeiro resultado da crise de 1929 foi o desemprego em massa. Centenas de milhares de americanos ficaram arruinados. A Grande Depressão americana arrastou consigo diversos países ligados à economia de mercado. No Brasil, os efeitos foram sentidos quando o governo brasileiro mandou queimar milhares de toneladas de café, num gesto desesperado para impedir o colapso dos preços.

Os efeitos dessa crise financeira foram devastadores e acabaram influenciando o mundo todo, mas especialmente as grandes cidades industrializadas dos Estados Unidos, que já eram na época a economia mais forte e adiantada do mundo.

O comércio, em especial o de alimentos, teve de se adaptar à nova realidade. A saída era reduzir os preços dos produtos. Mas como? A indústria começou a desenvolver produtos mais baratos. E o comércio? O comerciante tinha de encontrar um modo de revender esses produtos com a margem que lhe permitisse cobrir os custos operacionais, pagando seus funcionários, o aluguel do ponto, as instalações etc. Precisava, então, criar uma nova forma de comercialização que possibilitasse a venda a preços mais baixos sem perda de dinheiro.

A solução surgiu. Em galpões muito simples – anteriormente ocupados por fábricas que fecharam em função da recessão – e fora das áreas tradicionais de comércio, onde os aluguéis eram mais caros, os comerciantes instalaram prateleiras para expor suas mercadorias. A fim de economizar, dispensaram os empregados que antes atendiam os clientes. Agora o próprio consumidor se encarregaria de escolher e transportar suas mercadorias (o tal autosserviço). Na saída dos galpões, uma caixa registradora era usada para somar os itens adquiridos e o pagamento da conta se dava ali mesmo.

O número de empregados necessários nessa "nova loja" era muito inferior ao das lojas tradicionais: um pequeno grupo para arrumar as mercadorias nas prateleiras e uma ou duas pessoas na caixa registradora da saída. Além disso, as instalações extremamente simples e o aluguel barato também contribuíam para que o custo da operação fosse reduzido. Essas economias permitiram que o comerciante pudesse vender seus produtos com uma margem de lucro menor, oferecendo assim preços muito abaixo dos da concorrência representada pelo comércio tradicional da época.

O cliente, por sua vez, sabia que o nível do serviço era inferior, não havia ninguém para atendê-lo, selecionar os produtos nas prateleiras, sugerir outras mercadorias, embalar as compras, levá-las ao caixa – toda aquela atenção que ele estava acostumado a receber. Porém, naquele momento, a troca compensava. Com pouco dinheiro era possível comprar muito mais e alimentar a família.

O que nasceu como fruto de uma necessidade econômica gerada pela maior crise que o capitalismo moderno já teve excedeu as expectativas iniciais. As vendas explodiram, formavam-se filas enormes de clientes. Pessoas vinham de lugares cada vez mais distantes para fazer economia.

Os estoques se esgotavam rapidamente, e as vendas crescentes deram maior poder de barganha ao comerciante, permitindo que ele fizesse a reposição das mercadorias a custos cada vez menores. O aumento de volume também criou condições para uma diminuição ainda maior das margens de lucro. Criou-se dessa forma um círculo virtuoso: preço baixo gera maior venda, que por sua vez gera preço ainda mais baixo, que aumenta ainda mais a venda.

Para surpresa de muitos, que imaginavam que essa nova forma de comércio duraria somente enquanto a recessão econômica persistisse, as lojas de autosserviço foram pouco a pouco se aperfeiçoando e se mostrando muito mais eficientes do que o comércio tradicional de alimentos.

Ao longo dos anos 1930 e 1940, os supermercados norte-americanos se desenvolveram com muito sucesso. A linha de produtos comercializada, antes restrita a alimentos não perecíveis e produtos básicos, ampliou-se e os supermercados passaram a oferecer produtos perecíveis, artigos de limpeza e perfumaria. As lojas cresceram e tornaram-se mais completas e sofisticadas. As empresas pioneiras começaram nas grandes cidades industrializadas, mas aos poucos foram ocupando todo o país. No início dos anos 1950, o supermercado era um modelo consagrado, mas ainda restrito aos Estados Unidos.

A&P

A A&P (Atlantic & Pacific) foi uma das primeiras empresas a investir no modelo e, por muito tempo, a maior rede de supermercados do mundo. Fundada por volta de 1850 com o objetivo de comercializar chá, já era uma grande empresa na década de 1930, com mais de 1.600 lojas que ofereciam refeições ligeiras, chás e produtos alimentícios. Era uma espécie de "restaurante-mercearia".

Como vimos, a Grande Depressão afetou os negócios de uma forma geral e a A&P não fugiu à regra. O grande mérito da empresa foi sua capacidade de adaptação. Em vez de esperar a recuperação gradual da economia americana, por ser uma empresa muito forte e com reservas para enfrentar um período mais longo de crise, os dirigentes apostaram seu futuro na nova forma de comercialização de alimentos. O modelo "restaurante-mercearia" foi trocado pela loja popular de autosserviço, instalada em antigos galpões industriais e que mais tarde passou a ser chamada de "supermercado".

O sucesso foi imediato e o crescimento acelerado. Por volta de 1950, com mais de 4 mil supermercados espalhados por todo o país e com vendas anuais de U$ 2,9 bilhões – um número impressionante para a época –, a A&P era a mais bem-sucedida empresa de varejo do mundo e exemplo para toda a concorrência.

A liderança da A&P perdurou até meados da década de 1970, cerca de 40 anos a partir da transformação das primeiras lojas. Pouco a pouco, a evolução das técnicas de gestão, o desenvolvimento de novas tecnologias e as mudanças no padrão dos supermercados permitiram que novas empresas fossem gradativamente ocupando os espaços do mercado. Mesmo assim, a A&P se mantém ativa, operando atualmente diversos tipos de supermercados voltados especialmente para os segmentos de maior poder aquisitivo.

Os supermercados no Brasil

Com o fim da Segunda Guerra Mundial (1939-1945), cresceu muito a influência internacional dos Estados Unidos. Por onde passaram, as tropas americanas deixaram sua marca como um modelo de comportamento. Da mesma forma, espectadores em todo o mundo entraram em contato com os padrões da sociedade americana, graças ao estrondoso sucesso das produções cinematográficas hollywoodianas. Os filmes exibiam como os americanos se vestiam, trabalhavam, consumiam. Influenciadas pelos romances e musicais a que assistiam nas telas, as pessoas começaram a se familiarizar com a cultura dos Estados Unidos, vendo-os como símbolo do moderno e do eficiente.

No Brasil, a influência cultural europeia começou a concorrer com o chamado *american way of life* (modo de vida americano). Entre as novidades estava o novo modelo de comercialização de alimentos, o supermercado.

Há controvérsias sobre qual teria sido o primeiro supermercado no Brasil. Segundo o consultor Luiz Ratto, a versão mais aceita é que, com diferença de poucos meses, as primeiras lojas foram dos supermercados Sirva-se e Americano, ambos no centro da cidade de São Paulo, em 1953. Um ano mais tarde, surgia o Peg-Pag, também em São Paulo.

Os primeiros supermercados brasileiros eram lojas sofisticadas, localizadas em bairros centrais nobres, que tentavam reproduzir o que havia de mais moderno no comércio: ambientes espaçosos, com boa iluminação, balcões refrigerados, carrinhos para clientes e caixas registradoras na saída.

O curioso, nesse caso, é que um modelo de loja que surgiu nos Estados Unidos como uma fórmula que oferecia menos serviço em troca de preços baixos e muita economia, voltado para a população empobrecida, tenha sido lançado aqui como símbolo de sofisticação, avanço e modernidade. Ir ao supermercado significava "comprar como na América", em uma época em que fazer o que os americanos faziam era o máximo. Assim, pela própria localização das lojas, em seus primeiros anos o supermercado no Brasil era opção de compra apenas para as classes alta e média/alta.

Um espírito empreendedor

Da coragem e do espírito empreendedor de um pobre imigrante português, Valentim dos Santos Diniz, que chegou ao Brasil em 1929, nasceu um grande sonho: o de construir uma empresa sólida. No país que escolheu para "fazer a vida", o sr. Santos, como era chamado, fundou em 1948 a Doceira Pão de Açúcar. Era o início de um dos maiores grupos empresariais brasileiros.

Com o desenvolvimento dos negócios da Doceira Pão de Açúcar, quatro anos mais tarde, em 1952, já existiam duas filiais. Em 1959, é inaugurado o primeiro supermercado da rede, que, já em 1965, após a incorporação da cadeia Sirva-se, chegava a 11 lojas. No ano seguinte, é inaugurada em Santos a primeira loja fora da cidade de São Paulo.

Em 1968, quando a rede já era composta por 64 lojas, foi criada a Divisão Internacional, fazendo com que as lojas da agora CBD (Companhia Brasileira de Distribuição) chegassem a Portugal, Angola e Espanha. Na década de 1970, a CBD passou por uma grande expansão, com a aquisição da rede Eletroradiobraz e a inauguração da primeira geração de hipermercados do país, as lojas Jumbo.

Em 1978, as redes de supermercados Superbom, Peg-Pag e Mercantil São José são adquiridas pela CBD. Um ano depois, a pioneira na criação de modelos para atender os diferentes segmentos da sociedade inaugura a rede Minibox, um conceito de lojas despojadas, com um número reduzido de itens e preços muito competitivos, voltadas para a população de baixa renda.

A década de 1980 marca uma diversificação maior dos negócios da CBD. Além da aquisição de cinco lojas do Bazar 13 e mais seis da rede Morita, são inaugurados, em 1980, os dois primeiros Superbox, em Jundiaí (SP) e no Rio de Janeiro (RJ). O Superbox implantou o conceito de grandes depósitos de produtos alimentícios, que alcançou muito sucesso, e a ele logo se somaram mais nove lojas. Em 1989, a empresa começa a atuar fortemente no cenário de hipermercados de segunda geração com a criação das lojas Extra.

Num processo de resgate da eficiência perdida em seu rápido crescimento, a CBD começou os anos 1990 fazendo uma enorme reengenharia, norteada pela concentração de seus negócios. Ao final desse processo, a companhia passou a operar com quatro formatos de loja, cada uma delas tendo uma diferente maneira de atuação no mercado: Pão de Açúcar, Extra, Superbox e Eletro.

Em agosto de 1999, o Pão de Açúcar acertou a entrada do Grupo Casino, uma grande rede francesa, como sócio e parceiro estratégico. Mas apenas em 2003 a empresa consolidou sua posição no mercado do Rio de Janeiro, através da associação com a Sendas, até então empresa líder no estado (veja boxe "Um supermercado com a cara do Rio" – p. 19).

Na mesma época, o empresário Abilio Diniz avançou no processo de profissionalização da empresa, assumindo a presidência do Conselho de Administração e se afastando das funções executivas, que passaram a ser exclusivamente exercidas por profissionais contratados no mercado de trabalho.

Em maio de 2005, foi anunciado um novo acordo com a rede francesa Casino, que subiu sua participação no grupo para 50%. No entanto, Abilio Diniz foi mantido no comando da empresa. Esse mesmo acordo permitiu que, em julho de 2008, a Casino adquirisse mais 5,6% das ações com direito a voto, assegurando para a rede francesa o direito de opção para a compra de ações, o que lhe garantirá o controle acionário do Pão de Açúcar a partir de 2012.

Características do setor

Não importa muito se estamos em um período de crescimento ou de crise, nestes mais de cinquenta anos desde a implantação do modelo de supermercados no Brasil, o setor sempre apresentou desempenho firme e consistente, com um crescimento superior ao da média da economia. Essa expansão resiste sem grandes abalos nos momentos de crise e cresce de forma vigorosa nas fases de expansão da economia. Mas por que isso acontece?

A partir da introdução dessa forma de operação nos anos 1950, o crescimento do setor supermercadista durante muito tempo se deu principalmente com base no ganho de participação de mercado sobre o comércio tradicional.

Os supermercados se expandiram e, ao entrar em áreas novas, empurraram o comércio tradicional para mercados menores e mais distantes. Isso aconteceu primeiro em São Paulo e depois no Rio de Janeiro, com as novas lojas abrindo inicialmente em bairros de maior poder aquisitivo e mais tarde em outros bairros de classe média, até chegar à periferia. Da mesma forma, rapidamente começou a atingir outras capitais e as principais cidades de cada estado, para depois chegar às cidades médias e pequenas.

A expansão pelo ganho de mercado sobre o comércio tradicional continua, embora de forma mais suave, uma vez que os supermercados já são o modelo dominante na comercialização de alimentos, produtos de higiene e limpeza e suas lojas cobrem praticamente todo o território nacional.

Outro fator que beneficia os supermercados é sua condição de canal de distribuição de gêneros de primeira necessidade. Com isso, o setor fica muito mais protegido das grandes oscilações da economia. Afinal, as pessoas podem cortar ou adiar o consumo de uma série de produtos, porém só vão cortar a alimentação em último caso, quando não houver mais nada para cortar. Por outro lado, quando as coisas melhoram, a venda de alimentos cresce, ainda que de modo mais contido que a de outros produtos mais sofisticados.

Finalmente, um fenômeno mais recente tem garantido ao segmento um impulso adicional. Com a melhora gradativa na distribuição de renda, seja por meio de programas assistenciais, seja pelo maior nível dos empregos, milhões de pessoas até então marginalizadas estão sendo incorporadas à "nova classe C". Essa entrada no mercado ocorre em especial por meio do aumento no consumo de produtos básicos de alimentação, higiene e limpeza, justamente o que os supermercados oferecem.

Um segmento em transformação

Até o início da década de 1990, quase todas as redes em atuação no país eram de capital nacional. Contudo, nos anos seguintes, mudanças importantes na economia brasileira, como o fim da inflação, a liberação das importações, a maior facilidade para investimento estrangeiro e remessas de divisas, ao lado da relativa saturação dos mercados dos países desenvolvidos, fizeram com que nosso mercado se tornasse atraente para grupos de varejo internacionais. Desde então diversas empresas chegaram ao país, com atividades próprias ou em associação com redes locais. Alguns entraram e já saíram, como os portugueses Sonae e Jerônimo Martins e o holandês Royal Ahold. Outros permanecem firmes.

O Carrefour, aquele que dentre os grandes grupos internacionais é o que está presente há mais tempo no Brasil – desde 1976, muito antes, portanto, da fase de maior abertura do mercado – segue investindo pesado. Depois de perder a liderança do mercado para o Pão de Açúcar, em 2000, não desanimou. Fez os ajustes necessários em sua operação e, em 2007, adquiriu a rede Atacadão, com um investimento estimado em R$ 2,2 bilhões. Com isso, voltou à liderança do setor em termos de faturamento.

Outro grupo francês, o Casino, associou-se ao Pão de Açúcar no final dos anos 1990. Por meio de investimentos sucessivos, divide hoje o controle da operação com a família Diniz e pode assumir o controle da operação a partir de 2012 (veja boxe "Um espírito empreendedor" – p. 16).

O Wal-Mart, maior empresa de varejo do mundo, entrou no Brasil de forma considerada tímida em 1995. Após alguns anos de adaptação e ajustes, o gigante norte-americano começou sua expansão pela aquisição de concorrentes. Em movimentos sucessivos, adquiriu a rede do grupo Sonae, naquele momento a 3ª no *ranking* brasileiro, e em seguida comprou a rede Bompreço, da Royal Ahold, a 4ª do *ranking*. Essas aquisições fizeram com que o Wal-Mart se aproximasse bastante do Carrefour e do Pão de Açúcar na briga pela liderança do mercado brasileiro.

A chegada de grandes grupos varejistas internacionais acelerou o processo de fusões e aquisições e, em pouco tempo, mudou as feições do nosso mercado. As redes tradicionais que até o início dos anos 1990 dominavam a cena não tiveram condições de competir e se associaram ou foram adquiridas. Veja a seguir dois exemplos significativos desse processo.

Um supermercado com a cara do Rio

Nem o ar de liberdade que soprava na Europa durante os anos 1920 foi capaz de reter o comendador Manoel Antônio Sendas em Portugal. Os ventos o trouxeram ao Brasil e sob sua batuta foram erguidas as bases de uma das maiores empresas brasileiras. Com a ajuda da esposa Maria, abriu o Armazém Transmontano, inaugurado em 1924, em São Mateus, município fluminense de São João de Meriti.

Quando um acidente de automóvel impediu o comendador de trabalhar, o jovem Arthur Sendas, então com 16 anos, assumiu o controle do pequeno negócio, que contava com apenas duas lojas. O ano era 1951. De lá para cá, a história do grupo confunde-se com o desenvolvimento do setor varejista no Rio.

As lojas se multiplicaram, foram se modernizando e ganharam popularidade. O marrequinho, símbolo da rede, é velho conhecido dos cariocas, assim como os slogans publicitários que diariamente chegavam pela TV e a "água gelada e cafezinho Sendas", uma cortesia oferecida em todas as lojas da empresa.

Adorado pelos funcionários e respeitado pelos fornecedores, Arthur Sendas construiu uma das grandes redes de supermercado no Brasil. As Casas Sendas chegaram a empregar mais de 15 mil funcionários e operar 85 lojas, sendo por muitos anos a empresa líder de mercado no Rio de Janeiro.

Apesar desta trajetória vencedora, a partir de meados da década de 1990, as Casas Sendas começaram a ter dificuldade para acompanhar o aumento de competitividade do mercado e a evolução na forma de gestão do negócio.

Em 2003, depois de resistir bravamente, Arthur Sendas aceitou uma proposta de associação com o Pão de Açúcar, criando a Sendas Distribuidora, um nova empresa que reuniu as lojas Sendas e as lojas do Grupo Pão de Açúcar no Rio de Janeiro. Pelo contrato, a gestão da nova empresa passou a ser feita exclusivamente pelo Pão de Açúcar.

Bompreço – o líder do Nordeste

Desde o início de 1990, o empresário João Carlos Paes Mendonça – então dono da Bompreço, a maior rede do Nordeste – vivia preocupado com a ideia de que mais dia, menos dia sua cidade e principal mercado, Recife, seria invadida por concorrentes vindos do Sul do país. Assim, para tentar brecar a entrada da concorrência no Nordeste, o Bompreço lançou mão de diversas armas, como forma de consolidar sua liderança no mercado.

Entre várias iniciativas, criou-se um programa de fidelidade batizado de Bomclube, no qual cada real em compra valia um ponto. Pagar em dia também dava direito a pontos. O cliente juntava os pontos e depois os trocava por mercadorias. Em 16 meses foram resgatados mais de 400 mil prêmios, que iam de colchas e liquidificadores a televisores. Outra das ações de maior impacto foi o lançamento do Hipercard, o cartão de crédito do Bompreço, que atingiu 800 mil usuários cadastrados e se transformou em um dos principais cartões de crédito no mercado nordestino.

Em 1996, com o objetivo de fortalecer sua empresa e aumentar a capacidade de investimento, foi feita uma associação com o grupo holandês Royal Ahold. Quatro anos mais tarde, no início de 2000, sentindo que apesar de seus esforços estava cada vez mais difícil acompanhar os principais concorrentes, Paes Mendonça decidiu vender sua participação para o Royal Ahold, que assumiu a gestão da empresa até sua venda em 2004 para o Wal-Mart.

Ranking do setor

Todos os anos, entre abril e maio, a Abras (Associação Brasileira de Supermercados) publica através da revista *SuperHiper*, em um trabalho conjunto com a AC Nielsen, o *ranking* do setor de supermercados. Nesse *ranking* são listadas informações referentes a faturamento, número de lojas, de funcionários, de che ck outs e área total de vendas das 500 principais empresas do setor.

Veja a seguir um resumo dos resultados referentes a 2007 das 20 maiores empresas do setor:

Classf. 2007	Classf. 2006	Empresa	Sede	Faturamento Bruto (R$)	Part. no Setor (%)	Lojas	Funcion.
1	3	Carrefour	SP	19.257.330.564	14,13	510	59.012
2	1	Grupo Pão de Açúcar	SP	18.762.182.376	13,77	575	66.165
3	2	Wal-Mart	SP	15.002.403.199	11,01	313	67.780
Total três maiores				53.021.916.139	38,91	1.398	192.957
4	4	G.Barbosa	SE	1.898.588.860	1,39	42	9.946
5	5	Zaffari E Bourbon	RS	1.607.315.667	1,18	27	7.498
6	6	Epa / Mart Plus / Via Brasil	MG	1.540.995.004	1,13	85	8.669
7	7	Supermercado Bretas	MG	1.537.473.000	1,10	51	8.212
8	8	Prezunic Supermercados	RJ	1.476.337.984	1,08	28	6.000
9	9	A. Angeloni	SC	1.187.062.859	0,87	19	5.756
10	–	Super Mufato	PR	1.148.000.323	0,84	21	5.031
11	10	Ccop. Cooperativa de Consumo	SP	1.102.971.667	0,81	25	3.849
12	11	Y. Yamada	PA	1.100.703.394	0,81	16	4.970
13	12	Líder Supermercados	PA	998.899.877	0,73	12	6.820
14	13	Condor Supercenter	PR	924.863.722	0,68	23	4.197
15	–	Guga Comércio de Alimentos	MG	860.000.000	0,63	78	4.200
16	14	Sonda Supermercados	SP	832.297.190	0,61	15	4.640
17	–	Zona Sul Supermercados	RJ	767.065.454	0,56	30	4.587
18	15	Carvalho e Fernandes	PI	632.496.446	0,46	38	4.242
19	16	Savegnano Supermercados	SP	600.099.945	0,44	19	2.433
20	18	Supermercado Bahamas	MG	502.362.001	0,37	21	2.312
Total 4º ao 20º maiores				18.717.533.393	13,70	550	93.362
Total 20 maiores				71.739.449.524	52,60	1.948	286.319

Analisando o *ranking*, salta à vista a enorme distância entre os três líderes – Carrefour, Pão de Açúcar e Wal-Mart – e os demais. As três empresas juntas detêm 38,90% do mercado brasileiro, com cerca de 1.400 lojas e quase 200 mil funcionários. As vendas anuais do 4º colocado no *ranking*, a rede sergipana G. Barbosa, representam pouco mais que 12% do faturamento do 3º colocado; ou seja, o G. Barbosa precisaria multiplicar por oito suas vendas para se igualar aos valores do Wal-Mart.

A partir da posição do G. Barbosa há um equilíbrio evidente. As empresas seguintes têm porte semelhante e apresentam diferenças relativamente pequenas entre si. É como se o *ranking* apresentasse duas disputas distintas: a briga pela liderança, onde só há espaço para as três gigantes, e a disputa pelo 4º lugar em diante.

Nível de concentração do setor

Sempre que o *ranking* da Abras é publicado – especialmente nos anos em que ocorreram significativas fusões e aquisições de empresas, como foi o caso de 2007 –, volta com toda força a discussão a respeito do nível de concentração das empresas do setor; isto é, o tamanho das grandes empresas em relação ao mercado total.

Esse tipo de avaliação é importante pois o nível de concentração está diretamente relacionado ao maior poder de barganha das grandes redes nacionais nas negociações com os fornecedores e aos ganhos de escala e aumento da capacidade competitiva de tais redes em relação às demais empresas do setor.

Afinal, o setor de supermercados é ou não excessivamente concentrado? Como estamos, se comparados com outros países? Qual é a tendência para os próximos anos: aumentar ainda mais a concentração ou ocorrer um ganho de participação das redes regionais e das empresas médias e pequenas? Uma análise cuidadosa do assunto traz algumas conclusões muito interessantes e que vão no sentido contrário ao da impressão inicial.

A primeira conclusão é que, apesar de todas as fusões e aquisições do mercado, o nível de concentração do setor permanece razoavelmente estável há pelo menos dez anos, com as grandes redes oscilando entre 35% e 40% de participação de mercado. A novidade dos últimos anos é que, com a associação da Sendas com o Pão de Açúcar em 2003 e as aquisições das redes Sonae e Bompreço por parte do Wal-Mart, ocorridas em 2006, o número de grandes redes foi reduzido de cinco para apenas três empresas.

Esse nível de concentração, com as grandes redes controlando de 35% a 40% do mercado, é baixo em comparação com países europeus. Na França, por exemplo, os cinco principais concorrentes somam cerca de 80% do faturamento total; na Alemanha, esse percentual é de 65%; e na Itália, Inglaterra e Espanha o nível de concentração é superior a 50%.

Portanto, nossa realidade está muito mais próxima dos Estados Unidos, que apresentam níveis de concentração também na faixa dos 40%. As causas para isso são as grandes dimensões do território e a existência de um número significativo de empresas com forte presença regional, o que aumenta a concorrência e limita o crescimento da participação das grandes redes nacionais.

É difícil prever o que poderá ocorrer nos próximos anos, mas o mais provável é que o quadro permaneça estável, com a participação das grandes redes, redes regionais, bem como empresas médias e pequenas se mantendo nos níveis atuais.

primeira parte

capítulo 2

A estratégia das empresas

Por que as grandes redes, apesar de todo seu poderio, não têm aumentado sua participação de mercado? O que faz com que empresas muito menores e mais frágeis consigam competir, garantir lucratividade e até crescer? Para responder a essas perguntas é preciso entender a realidade de cada tipo de empresa e procurar identificar qual a sua estratégia competitiva. No mercado brasileiro podem ser identificados quatro grupos de empresas: as que atuam em redes nacionais, as de atuação regional, as médias e as empresas pequenas ou lojas independentes.

Cada um desses grupos conta com recursos e condições diferentes e precisa ser eficiente para combinar tais recursos e condições de modo a fazer frente à concorrência e atender satisfatoriamente a seu consumidor.

Redes nacionais

Apenas três empresas estão nesta categoria: Carrefour, Pão de Açúcar e Wal-Mart. Juntas elas detêm 38,9% do mercado brasileiro, com cerca de 1.400 lojas e quase 200 mil funcionários. Uma característica comum dessas grandes redes é o fato de contarem com enormes estruturas, alto investimento em treinamento de pessoal e pesquisas de mercado, volume abundante de informações sobre o que ocorre no Brasil e no exterior, bem como mais facilidade para investimentos e para realizar testes e experimentos. Além disso, as perspectivas de crescimento profissional são grandes e os profissionais mais graduados têm acesso a viagens e cursos de treinamento com profissionais de outros países.

Uma estratégia utilizada pelas grandes redes para atender de forma eficiente a diferentes públicos e mercados é a operação de vários tipos de loja, com modelos, formatos, posicionamentos e marcas diferentes – as chamadas “bandeiras”. Veja a seguir uma relação das principais “bandeiras” utilizadas:

Carrefour

- Carrefour: hipermercados
- Carrefour Bairro: supermercados de médio porte
- Dia: lojas populares e pequenas, com baixo nível de serviços e preços baixos
- Atacadão: lojas que atendem a atacado e varejo, os chamados “atacarejos”

Pão de Açúcar

- Pão de Açúcar: supermercados voltados para público de alto poder aquisitivo
- Comprebem: supermercados mais populares
- Sendas: marca de supermercado só utilizada no Rio de Janeiro
- Extra: hipermercados
- Extra Perto: supermercados de médio porte
- Extra Fácil: lojas de conveniência de pequeno porte
- Assai: “atacarejos”

Wal-Mart

- Wal-Mart Supercenter: hipermercados
- Todo Dia: lojas populares e pequenas, com baixo nível de serviços e preços baixos
- Sam’s Club – clubes de compras, também considerado um tipo de “atacarejo”

Bandeiras originárias do Sonae

- Big: hipermercados
- Nacional: supermercados operando no Rio Grande do Sul
- Mercadorama: supermercados operando no Paraná
- Maxxi: "atacarejos"

Bandeiras originárias do Bompreço

- Bompreço: supermercados
- Hiper Bompreço: hipermercados
- Balaio: lojas populares e pequenas, com baixo nível de serviços e preços baixos

O principal problema das grandes redes é seu próprio gigantismo. A estrutura de custos é muito mais pesada, o processo de tomada de decisões é mais lento e, muitas vezes, falta agilidade para enfrentar as situações de mercado. Esses problemas fazem com que a lucratividade média tenda a ser um pouco inferior à das melhores empresas do setor, da mesma forma como o crescimento de vendas das suas lojas é menor que o das lojas de empresas mais eficientes.

As grandes redes só não perdem participação de mercado porque o menor crescimento de vendas de suas lojas é compensado por uma agressiva política de aquisições de redes concorrentes.

Redes regionais

Estas redes são formadas por empresas fortes na região, que operam com 20 a 50 lojas, empregam um mínimo de dois mil funcionários e vendem mais de R$ 500 milhões por ano.

Uma característica comum das empresas que integram este grupo é o fato de serem extremamente bem-sucedidas nos mercados em que atuam, com um histórico de crescimento e lucratividade. Afinal, ninguém chega a essa posição por acaso. Apesar de parecerem pequenas em relação às grandes redes nacionais, seu volume de vendas é bastante significativo e, em vários casos, lideram o mercado em que atuam. Por isso, as redes regionais são consideradas clientes estratégicos pelos fornecedores, o que lhes dá uma condição de compra muito favorável. Além disso, mesmo sendo em sua maioria empresas familiares, sua administração conta com a participação de bons profissionais, há investimento em treinamento e são utilizados sistemas e recursos tecnológicos atualizados.

Historicamente, as redes regionais têm um crescimento superior ao das grandes redes e só não aumentam sua participação de mercado porque as grandes redes compensam essa diferença à base de aquisição de concorrentes.

Um bom exemplo de rede regional bem-sucedida é o grupo gaúcho Zaffari Bourbon. No final de 2007, o Zaffari Bourbon contava com 7.500 funcionários e fechou o ano com um faturamento de R$ 1,6 bilhão em suas 27 lojas. A empresa abriu no início de 2008 uma loja em São Paulo, sua primeira unidade fora do Rio Grande do Sul.

Segundo o gerente financeiro do grupo Zaffari, Levino Zílio, parte desse sucesso pode ser explicada pelo fato de a empresa não ter perdido as principais características de um bom supermercado de bairro. "Em mais de 40 anos de trajetória, a empresa aprimorou seu trabalho, mas manteve o 'estilo Zaffari', que pode ser resumido em quatro pontos básicos: variedade e qualidade de produtos, instalações com alta tecnologia, excelência nos serviços e, acima de tudo, economia."

A história do grupo Zaffari, conta o gerente, começou como a de tantas outras bem-sucedidas empresas brasileiras: graças à ousada iniciativa de um pequeno núcleo familiar. No ano de 1935, na região norte do Rio Grande do Sul, os fundadores Francisco José Zaffari e sua esposa Santina de Carli Zaffari montaram uma pequena casa de comércio. Era um armazém de gêneros alimentícios instalado na frente da residência do casal, na Vila Sete de Setembro, interior do município de Erechim.

Desde o começo, Francisco demonstrou grande empenho, talento e disposição para esse ramo de atividade, obtendo progressos e passando a oferecer produtos e serviços cada vez melhores a seus clientes. Anos mais tarde, em 1947, mudou-se com a família para Erval Grande, cidade sede do distrito, onde abriu uma nova casa comercial, já bem mais aparelhada. Os filhos desempenharam papel fundamental nesse crescimento auxiliando o pai na administração do negócio. Na década de 1950, os negócios prosperaram e a família pôde inaugurar as primeiras filiais, em localidades vizinhas à sede. E, em 1960, a empresa chegou a Porto Alegre, abrindo seu primeiro atacado.

Da mesma forma, a rede de supermercados Condor, de Curitiba (PR), começou com a implantação de um simples mercado de bairro e acabou conquistando todo o estado. Na verdade, a história do supermercado se confunde com a história de Pedro Joanir Zonta, proprietário da rede. Em 1974, com apenas 22 anos de idade, Zonta resolveu juntar suas economias e investir em um pequeno mercado de bairro, de apenas 110 m^2 e com cinco funcionários. Estava lançado o desafio: um jovem sem experiência no setor de varejo na direção de um pequeno negócio e com a responsabilidade de fazer a loja funcionar.

Para alcançar o lugar que hoje ocupa, Zonta se propôs a aprender tudo sobre mercado. Passou a ler tudo o que podia sobre o assunto e a conversar com os vendedores. Iniciou uma série de visitas a lojas de supermercados, atacadistas e grandes magazines, analisando formas de **layout** e exposição de produtos, promoções, variedade, margens aplicadas, serviços prestados e atendimento. Com isso, entendeu o que era necessário para ser competitivo e estabeleceu sua primeira missão como empreendedor: não ser o maior, mas o melhor.

Em janeiro de 1975, Pedro Zonta aumentou a loja para 320 m^2. A partir daí, os lucros foram se multiplicando, e não demorou a inaugurar sua primeira filial. Hoje a rede possui 23 lojas, é a maior empresa paranaense do setor e foi a 14ª colocada no **rankin** anual da Abras de 2007.

Empresas médias

A grande questão que deve ser enfrentada pelas redes de porte médio – aquelas com entre cinco e 20 lojas, um mínimo de 500 funcionários e faturamento anual superior a R$100 milhões – é a escolha entre consolidar-se em um nicho para se proteger da concorrência ou canalizar toda a energia e recursos disponíveis no esforço de crescimento.

A maioria dessas empresas escolhe a opção de crescer, até porque não é fácil ficar na posição intermediária, pois uma rede de médio porte não fatura um volume que lhe garanta a mesma capacidade de negociação que uma grande rede tem junto aos fornecedores. Além disso, ela não tem também a mesma disponibilidade de recursos para investimentos em novas tecnologias, equipamentos e treinamento de pessoal. Por outro lado, seu custo operacional é bem mais alto do que o de uma empresa pequena e, ainda que os proprietários procurem estar o mais próximo possível das lojas e dos seus clientes, já não é mais possível ter a mesma presença que havia no início da empresa, quando ela só possuía uma ou duas lojas.

Porém, nem tudo são dificuldades. Atuando regionalmente, uma empresa de médio porte pode superar suas limitações e acompanhar de perto a evolução das empresas líderes, dedicando atenção às mudanças tecnológicas, visitando concorrentes, participando de feiras e congressos supermercadistas. O menor volume de compras pode ser compensado pelo desenvolvimento de parcerias com os fornecedores mais importantes. E, afinal de contas, toda empresa média foi um dia pequena. Se ela se mostrou competente para crescer e se destacar, é porque tem méritos e capacidade para defender seu mercado e evoluir com o setor.

Pequenas empresas

A maioria dos estabelecimentos supermercadistas brasileiros é de pequenas empresas. Também conhecidas como independentes, elas possuem, normalmente, de uma a cinco lojas. Em geral, são empresas familiares, com administração ágil, que compensam as desvantagens do porte com muita flexibilidade, forte atenção nos custos e muito contato com os clientes, através da presença dos donos na loja o maior tempo possível. Assim, o que pode faltar em recursos, sistemas e tecnologia equilibra-se com muito trabalho e dedicação. Os custos são controlados com mão de ferro, e tudo que sobra é investido no próprio negócio.

Como na pequena empresa não existem departamentos de compras, *marketing*, logística e consultores, o próprio dono, com a ajuda de sua família e, eventualmente, de um pequeno grupo de pessoas, acaba assumindo todas essas funções. Ganha o empresário inteligente, bom observador e que conseguir aprender com os erros e acertos da concorrência. E, se é verdade que as redes regionais e as empresas médias crescem mais rápido que as grandes redes, também podemos afirmar que as pequenas empresas eficientes tendem a crescer ainda mais rápido, e algumas delas acabam, com o tempo, mudando de classificação e passando de pequena para média.

Além disso, com o aumento cada vez maior do nível de competitividade do mercado, nos últimos anos começaram a surgir diferentes formas de associação das pequenas empresas. A forma mais comum são as centrais de compras, que, além do objetivo primário de melhorar as condições de negociação de mercadorias, normalmente oferecem outros serviços, como apoio nas áreas de *marketing*, propaganda e promoção, logística, treinamento de pessoal, assessoria jurídica, entre outros.

Uma das razões do sucesso de iniciativas desse tipo é que as empresas associadas podem manter a autonomia na gestão do seu negócio, só utilizando os serviços da central quando for do seu interesse. Em função dessa característica, as centrais também são chamadas de cadeias voluntárias ou cooperativas de compra.

Centrais de compras

A criação de centrais de compras pode ocorrer a partir de diferentes origens. Uma das possibilidades são as centrais organizadas a partir de um atacadista, como é o caso da rede Smart, a central de compras com maior volume de faturamento, que foi montada pelo Martins, maior empresa atacadista do Brasil. Já em 2005 a Smart faturou R$ 2,6 bilhões, o que a colocaria em um destacado 4º lugar no *ranking* da Abras se a rede fosse uma empresa de supermercado.

Até multinacionais atuam nesse segmento, como a International Grocers Alliance (IGA, que pode ser traduzido como Aliança Internacional de Varejistas). A IGA é a maior cadeia voluntária de compras do mundo, com faturamento anual de US$ 21 bilhões (aproximadamente R$ 36 bilhões), e atua em todo o território dos Estados Unidos, além de outros 40 países – dentre os quais o Brasil.

Outras centrais foram criadas por pequenos empresários que perceberam a necessidade de crescer em volume para conseguir condições comerciais competitivas e tiveram a iniciativa de oferecer seus serviços para outros supermercados independentes e pequenas redes. Várias centrais de compras nasceram nas associações de empresários, como as Associações Comerciais, os Clubes de Dirigentes Lojistas (CDL), as Associações de Varejistas ou as Associações de Supermercados. Esses locais onde os empresários se reúnem e discutem problemas comuns a todos constituem o melhor ambiente para quebrar a natural desconfiança entre potenciais concorrentes e estabelecer regras para uma iniciativa comum.

Encontramos exemplos de centrais de compras bem-sucedidas em todo o Brasil, independentemente da origem. A Associação dos Varejistas do Espírito Santo (Avaes) é uma delas: reúne 68 empresas do Espírito Santo e da Bahia, com lojas que chegaram a faturar cerca de R$ 600 milhões em 2006. Já no Rio de Janeiro, uma das primeiras centrais a se destacar foi a Redeconomia, que em 2000 contava com 15 empresas associadas operando 80 lojas e oferecia aos associados, além de condições de compra mais favoráveis, apoio nas áreas de operações, logística e *marketing*.

A Unissul foi criada em 2001 e atua em cidades do sul de Minas e interior de São Paulo. Suas lojas têm conseguido uma venda por metro quadrado superior à das grandes redes, em função, entre outros fatores, da distribuição de folhetos promocionais e de campanhas divulgadas na TV, algo impensável para um supermercado independente ou uma pequena rede. O apoio da central inclui a negociação conjunta de equipamentos para as lojas em reforma ou expansão e de embalagens e bobinas para a frente de caixa.

Atuando no Rio Grande do Sul, a Unisuper oferece a seus associados produtos com marca própria e um cartão de crédito exclusivo. Graças a iniciativas como essas, a rede teve em 2006 o faturamento de aproximadamente R$ 700 milhões. Este e os outros exemplos mostram que o crescimento das centrais de compras é extremamente sólido, um reflexo dos benefícios que esse tipo de organização oferece para pequenas redes e supermercados independentes.

Varejo independente x grandes redes

Para Nelson Barrizzeli, professor da USP e consultor de varejo, os supermercados pequenos, também chamados de independentes por estarem abaixo da 100ª posição do ranking de vendas da Abras, podem, sim, incomodar as grandes redes.

Uma pesquisa da Cepal/USP realizada pelo professor Barrizzeli mostra que os custos fixos dos grandes supermercados são superiores aos dos pequenos. Além disso, os pequenos e médios têm obtido certos ganhos graças aos descontos oferecidos pelos fornecedores. Boa parte dessas empresas acaba economizando nos processos de distribuição e entregas ao contratar terceirizados.

De 1999 a 2000, houve, por exemplo, o aumento de 125% na frota terceirizada e a adoção de medidas para reduzir custos, com a formação de grupos de compras. "Contamos hoje com a ajuda de entidades setoriais e governamentais para viabilizar a modernização e automação do pequeno varejo", confirma Oscar Attisano, diretor executivo da Associação Brasileira de Atacadistas e Distribuidores (Abad).

Existem ainda experiências bem-sucedidas de gerenciamento por categorias com lojas independentes, promovidas pelo Distribuidores Especializados Categorizados (DEC), união de 16 distribuidores de produtos.

O estudo Cepal/USP também confirma o interesse dos fabricantes pelos supermercados independentes. A indústria alega que tem espremido demais suas margens na negociação com os grandes do ramo, seja porque não consegue repassar os aumentos dos custos de produção, seja porque sofre pressão para conceder grandes descontos ou para pagar taxas adicionais na exposição dos produtos.

Os supermercados investem em tecnologia, equipamentos, logística, treinamento e desenvolvimento de pessoal para se manterem competitivos. Os códigos de barras nos produtos, as leitoras ópticas, os sistemas de reposição de estoque e de logística são ferramentas que permitem a redução de custos e um melhor atendimento aos consumidores. **ayout** da loja, iluminação, piso, largura dos corredores, carrinhos de compras e serviços de manutenção são outros recursos pensados para dar o máximo de conforto ao cliente e garantir eficiência na hora da compra.

Enfim, a administração de supermercados envolve tecnologia, gerenciamento de recursos humanos, finanças, compras e logística. E todos os operadores devem saber como se estrutura e funciona a empresa. Isso os ajuda a crescer profissionalmente, a valorizar o trabalho e a ter consciência da importância de seu papel na empresa.

O consumidor e a concorrência

Atender e superar as exigências do consumidor e fazer frente à ação da concorrência são grandes alavancas para a evolução de qualquer atividade, e assim tem sido no setor de supermercados.

Atualmente são exigidos novos tipos de loja, maior variedade de produtos e atendimento de qualidade. Isso sem contar que a facilidade de acesso à informação e o Código de Defesa do Consumidor tornaram a clientela cada vez mais bem-informada e exigente. Mais do que nunca, hoje é preciso saber entender o consumidor, interpretar suas reações e satisfazer suas necessidades. Essa postura pode se constituir no diferencial que atrai o cliente e supera suas expectativas.

Somente por meio de busca da qualidade e da melhora contínua dos serviços é possível manter um negócio saudável e eficiente. E o melhor aliado nesse esforço é a concorrência. Embora pareça contraditório, concorrentes atuantes ajudam a empresa a aumentar sua eficiência, corrigir suas falhas, valorizar seus pontos fortes e, assim, encontrar caminhos que irão permitir o crescimento do negócio.

O próprio consumidor se sente mais seguro e bem-atendido quando há concorrência. Com mais de uma opção ao seu alcance, ele pode comparar preços, serviços, promoções e depois definir a compra no estabelecimento que for mais conveniente.

Concorrência direta e indireta

A concorrência com uma empresa comercial pode ser direta ou indireta. A concorrência direta é aquela representada por estabelecimentos semelhantes. Por exemplo, um supermercado é concorrente direto de outro supermercado.

A concorrência indireta nem sempre é percebida logo. Ocorre quando diferentes tipos de estabelecimentos vendem a mesma mercadoria. É o caso da competição entre um açougue e um supermercado de vizinhança, por exemplo. Se o supermercado tiver uma seção de carnes, vai competir em preço e qualidade com o açougue do bairro.

Muitas vezes o comerciante se preocupa apenas com a concorrência direta, a mais evidente, e não presta tanta atenção à competição indireta, que pode ser tão ou mais importante do que a primeira. Um bom exemplo de concorrência indireta é a que se dá entre os supermercados e as farmácias e drogarias na venda de cosméticos, perfumaria e artigos de beleza e higiene (a comercialização de medicamentos por parte dos supermercados é proibida pela legislação vigente).

Um olho na indústria e outro no concorrente

As vantagens que a indústria tem oferecido aos pequenos supermercados e atacadistas tornaram tensas as relações entre as grandes redes e a indústria. Abilio Diniz, presidente do Pão de Açúcar, já fez declarações contundentes sobre o assunto: "Apesar do poder de negociação [do varejo], as indústrias não querem deixar os grandes varejistas aumentar seu poder de fogo (...) Temos de ser muito bons em termos de logística, em tecnologia da informação. Temos de ter gente muito boa para competir com diferenças de 20%, 30% nos preços de custo [para poder competir com os pequenos]...".

O fato é que as grandes redes andam reclamando que conseguem competir com os concorrentes globais, mas não com supermercados de pequeno porte, porque estes recebem das indústrias facilidades comerciais que tornam impossível a competição em termos de preços.

Em junho de 2001, por exemplo, o Pão de Açúcar travou uma queda de braço com uma gigante do mercado. A tal indústria andava concedendo bons descontos para os pequenos varejistas, tornando a compra dos produtos nesses pequenos pontos de venda vantajosa para o consumidor. A resposta de Abilio Diniz foi imediata. Exigiu vantagens para continuar comprando os produtos ou não negociaria mais com a marca. A fornecedora foi para a geladeira por 40 dias, e seus produtos sumiram das prateleiras dos supermercados da rede Pão de Açúcar. A indústria acabou cedendo.

As farmácias e drogarias levam desvantagem em função do tamanho das lojas e do espaço disponível em suas prateleiras, o que restringe o número de produtos oferecidos. Para compensar essa deficiência, elas procuram oferecer alguns diferenciais mercadológicos: entrega em domicílio sem cobrança de taxa e sem pedido mínimo; serviço de atendimento ao cliente; convênio-empresa; assistência farmacêutica integral; programas de fidelização com os clientes, tais como cartões de fidelidade e descontos progressivos.

Além de observar a concorrência direta e indireta, o profissional do comércio também deve acompanhar o desempenho, as propostas e as ações de empresas da sua região que atuam em outros segmentos e de empresas do mesmo segmento que operam em outros mercados. Esse trabalho de acompanhamento e análise é uma ferramenta importante para aumentar o nível de compreensão do próprio negócio e servir de base para novas ideias e ações.

As indústrias também estão atentas ao consumidor

A necessidade de estar atento ao mercado não é exclusiva dos supermercados; a indústria também tem inúmeros exemplos de lançamentos de produtos para cativar o cliente: produtos práticos e adaptados à correria da vida moderna, alimentos em porções menores para pessoas que moram sozinhas e alimentos mais saudáveis, como os orgânicos e cultivados sem agrotóxicos.

E esses atrativos já se firmaram numa determinada camada social, cujas famílias são menores, as pessoas trabalham o dia todo fora de casa, têm cada vez menos disponibilidade de tempo e, por isso, querem alimentos de preparo rápido e fácil. Os alimentos saudáveis também se tornaram prioridade para essa parcela dos consumidores, uma vez que correm atrás de qualidade de vida.

Atualmente, a variedade de alimentos congelados prontos ou semiprontos é farta nas lojas. Atende a uma clientela especial que procura comodidade. Aliás, os supermercados ficam de olho nas particularidades de sua clientela: há os solitários, os grandes consumidores de congelados em embalagens menores; há os naturalistas, que só consomem verduras, legumes e frutas sem agrotóxicos; e há também os aficionados por dieta, que agora dispõem de uma linha diversificada de produtos light.

Marketing

O sucesso de uma empresa está associado diretamente à estratégia de *marketing* que adota. Essa estratégia é utilizada para que a empresa se organize para atingir seus objetivos. Em poucas palavras, *marketing* é a forma de aplicar da melhor maneira os recursos, o conhecimento e os talentos da empresa, a fim de aproveitar as oportunidades e enfrentar as ameaças do segmento em que atua. Difícil? Um pouco.

A definição dessa estratégia deve passar pela avaliação das condições da própria empresa, do mercado e da concorrência. Só assim é possível fazer um diagnóstico dos pontos fortes e fracos que precisam ser aproveitados e/ou aprimorados pela organização. Com base nessa avaliação e no diagnóstico, devem ser traçadas as metas de curto, médio e longo prazos para a empresa. A partir daí se estabelece, então, o plano de ação a ser seguido.

Nesse plano devem ser consideradas as variáveis do composto mercadológico, procurando a melhor combinação de seus diferentes aspectos. Vejamos isso com um pouco mais de detalhes.

Composto mercadológico

Também conhecido como *marketing mix* ou composto varejista (no caso de uma empresa de varejo), composto mercadológico é o conjunto de fatores que devem ser administrados por uma empresa para que ela seja bem-sucedida em sua área de atuação.

Neste livro, optamos por dividir o composto mercadológico em seis áreas. Elas são apresentadas a seguir, ordenadas de acordo com a maior ou menor possibilidade de aplicação na gestão da empresa. Inicialmente apresentamos os fatores que só podem sofrer alterações esporadicamente e com níveis de planejamento e investimento maiores. Na sequência, os fatores que são gerenciados no dia a dia da empresa.

Ponto

Definir a localização e escolher o ponto para a instalação de uma loja é uma das decisões mais importantes para o futuro negócio. É uma questão que deve ser encarada com o maior cuidado e atenção, uma vez que a localização irá influenciar, de forma significativa e permanente, todas as demais características da operação. É também uma preocupação que surge de tempos em tempos, com a abertura de novas lojas.

Na escolha do ponto, deve-se ter em mente o objetivo do negócio, o mercado que se quer atingir, a concorrência potencial ou já existente, as condições físicas do imóvel, as vias de acesso, bem como a disponibilidade de estacionamento no local e nas proximidades. Resumindo, são importantes os fatores relacionados ao mercado, à concorrência e à possibilidade de operação da loja.

Instalações, equipamentos e exposição de produtos

Definida a localização e escolhido o ponto, passa-se à montagem da loja: apresentação geral, arquitetura de fachada e interna, decoração, comunicação visual, equipamentos operacionais e de exposição de produtos.

Outro aspecto importante é trabalhar todos os fatores relacionados com a eficiência operacional. A disposição das áreas, equipamentos, corredores, setores de atendimento e de serviço (balcões, carrinhos, caixa etc.) que compõem o chamado *layout* deve ter sempre em consideração o cliente e a operação da loja.

Os equipamentos de exposição (gôndolas, prateleiras, *displays* etc.), a iluminação, os sistemas de precificação e sinalização devem ser cuidadosamente escolhidos para facilitar a arrumação e a exposição de mercadorias. Tudo para que o cliente se sinta confortável no momento da compra.

Atendimento e serviços

Todas as atividades que representem contato entre o consumidor e a loja podem ser consideradas de atendimento e serviços. Aliás, tornaram-se um grande diferencial na concorrência entre os supermercados.

Em outras palavras, de nada adianta ter um ótimo ponto, uma loja bem-montada e atraente, se o atendimento e o nível de serviços oferecidos ao cliente forem deficientes. Mesmo em um supermercado, onde o sistema predominante é o autosserviço, o atendimento é decisivo.

Entre os diversos argumentos que mostram a importância do bom atendimento, dois merecem ser destacados. Primeiro, é muito mais caro conquistar um novo cliente do que manter os já existentes. Segundo, um cliente bem-atendido passa a ser uma pessoa que ajuda a divulgar o nome da loja. Por outro lado, um cliente insatisfeito pode se transformar em um foco de propaganda negativa, o que sempre provoca a perda de novos clientes.

■ Linha de produtos

A escolha da linha de mercadorias, assim como a busca de novidades e lançamentos, tem influência direta nos resultados da loja. A atenção deve ser constante em tudo o que é oferecido pelos fabricantes e atacadistas, sem perder de vista o que a concorrência está vendendo. Mais: a expectativa dos consumidores precisa ser atendida e, por que não, até excedida.

O acompanhamento da venda de cada produto, identificando aqueles cuja procura é crescente ou não, ajuda a formar o perfil da clientela, visto que não se pode oferecer tudo na loja e há um limite na área de exposição de produtos e no volume de estoque.

Enfim, a definição da linha de produtos de uma loja implica a escolha e a substituição de produtos, colocando novos e retirando os que não vendem bem.

■ Preços

A variável que tem maior impacto de curto prazo na relação com o consumidor é o preço. Deve haver um equilíbrio entre preço de venda e margem de lucro. O preço final de venda deve refletir o custo do produto ao varejista, o custo de operação da loja e a margem de lucro necessária ao negócio.

O bom comerciante deve combinar informações sobre custos, volume de vendas, preços praticados pela concorrência e grande dose de sensibilidade para encontrar o melhor preço para seus produtos. Em outras palavras, o melhor preço não é nem o mais baixo, que garantiria grande volume de vendas, nem o mais alto, que daria uma margem teórica alta, porém afugentaria os clientes.

■ Propaganda e promoção

São ferramentas eficientes para atrair os consumidores à loja e motivá-los a comprar mais. Porém, como são muito caras, a propaganda e a promoção devem buscar a máxima eficiência.

Uma boa propaganda reflete a imagem da empresa e, ao mesmo tempo, atrai clientes, cujo perfil se deve conhecer de antemão.

Promoção de vendas é a ação que procura estimular o desejo de compra através da valorização de atributos da mercadoria ou da oferta de vantagens ou benefícios adicionais do produto. Os tipos mais comuns de promoção de vendas no varejo são prêmios, brindes, programas de fidelização, cupons, demonstração e degustação de produtos, distribuição de amostras, entre outros.

O ideal é tentar uma combinação entre propaganda e promoção, procurando atrair o público para a loja, principalmente com a propaganda, e incentivá-lo à compra, por meio da promoção.

Compra por impulso? O *marketing* adora esses dados

Supermercado costuma ser uma tentação para quem faz as compras da casa. Os empresários sabem disso e costumam contar com profissionais de marketing, que usam uma série de técnicas com o objetivo de estimular ainda mais o consumo nas lojas: embalagens atrativas, aromas artificiais no ar para despertar o desejo do cliente e promoções do tipo "pague dois e leve três".

Sem pensar muito, o consumidor acaba pegando um biscoitinho aqui, uma novidade ali e, de repente, o carrinho está cheio. Pesquisa feita em julho de 2002 pelo Programa de Administração de Varejo (Provar), da Fundação Instituto de Administração (FIA/USP), mostra que 37% das pessoas que entram no supermercado compram mais itens do que tinham planejado e gastam, em média, 18,71% a mais do que o previsto. Isso tem um nome no dicionário dos marqueteiros (os profissionais de marketing): é a compra por impulso.

O estudo da Universidade de São Paulo (USP) foi realizado com base em entrevistas com 420 consumidores na porta de supermercados e hipermercados de São Paulo. Teve o objetivo de conhecer o comportamento do consumidor, analisando quais os fatores que estimulam o fenômeno.

A pesquisa revela outros dados interessantes. Quem acha que só as mulheres exageram nas compras se engana. Elas gastam, em média, 19,8% além do planejado, mas os homens vêm logo atrás, desembolsando 17,2% a mais do que imaginavam ao pisar no supermercado. Como se vê, os homens compram por impulso quase tanto quanto as mulheres.

O estudo mostra ainda que apenas 20% dos entrevistados habitualmente carregam a "listinha" de produtos na mão. E os filhos são os que mais levam os pais a gastar dinheiro no supermercado.

Impulso de compras por sexo

Sexo	Gasto planejado	Gasto efetivo	Diferença de gasto	Tempo de permanência na loja	Gasto por minuto na loja
Masculino	R$ 77,24	R$ 90,53	17,2%	46 min	R$ 1,98
Feminino	R$ 99,64	R$ 119,35	19,8%	60 min	R$ 2,00

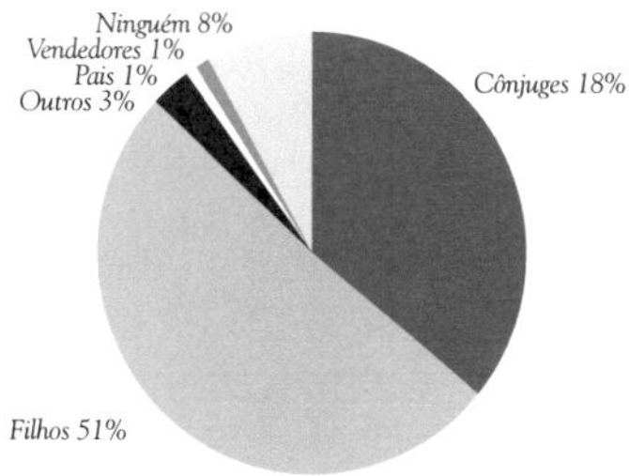

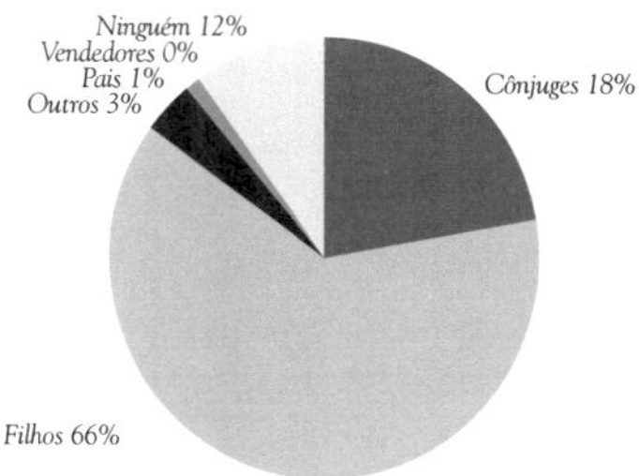

Aspectos tecnológicos

A grande competitividade no mercado tem obrigado ainda as principais redes a investir de maneira intensa em novas tecnologias. Foram iniciados processos de automação, introdução de novos instrumentos, como o Intercâmbio Eletrônico de Dados (EDI), e gerenciamento por categorias, por exemplo.

Normalmente, consideramos uma loja automatizada quando ela já tem *check-out* informatizado. Porém, além da frente de caixa, a informatização inclui outras áreas como recepção, departamento financeiro (contabilidade, tesouraria, pedidos), estoque, recebimento de mercadorias etc. O grande desafio das empresas, no entanto, é conseguir usar de maneira eficiente as informações disponibilizadas por essa automatização.

Outro processo que vem sendo implantado é um sistema conhecido como *Efficient Consumer Response*, ou Resposta Eficiente ao Cliente (ECR). O ECR nada mais é do que a busca constante pela maior eficiência em todas as etapas da cadeia de produção e distribuição, etapas que envolvem o fabricante, o varejista e o consumidor.

primeira parte

capítulo 4

A estrutura do supermercado

O varejo de alimentos está muito bem encaminhado no Brasil. As empresas que aqui operam têm se especializado e acompanhado as tendências mundiais. Hoje existem vários modelos e formatos de lojas que atendem às mais diversas necessidades dos consumidores. De pequenos bares a hipermercados, existe uma opção para cada compra ou poder aquisitivo.

Como são muitos os formatos de varejo no setor de alimentos, a Associação Brasileira de Supermercados criou um critério de classificação. Além da classificação da Abras, realizada em conjunto com a empresa AC Nielsen, especializada em informações sobre consumidor e mercado, outros autores têm se dedicado ao estudo desse segmento varejista. Neste capítulo você vai conhecer um pouco melhor a diversidade do varejo de alimentos.

Tipos de supermercados e assemelhados

O especialista Juracy Parente, em seu livro *Varejo no Brasil*, divide o varejo de alimentos em dez categorias, cada uma delas com suas características próprias. Veja a seguir.

- **Bares**

  Conhecidos como botecos ou botequins, os bares têm grande importância na distribuição de bebidas alcoólicas em geral. Servem lanches e alimentos para consumo imediato. Oferecem ainda artigos como chocolates, gomas de mascar, cigarros, balas, isqueiros, cartões de telefone etc.

- **Mercearias**

  São lojas pequenas, de 20 m^2 a 50 m^2, que oferecem a linha básica de produtos de mercearia, frios, laticínios e bazar. Estão localizadas geralmente em bairros e em locais de baixa renda, onde são conhecidas como armazéns ou empórios. Com as padarias, detêm cerca de 14% da distribuição de produtos alimentícios industrializados no Brasil.

- **Padarias**

  Com formato peculiar, as padarias sobrevivem da produção e fabricação própria de pães, bolos, biscoitos e assemelhados. Atendem às necessidades dos consumidores locais, variando sua oferta conforme a demanda. Atravessam hoje um processo de modernização, especialmente impulsionado pela concorrência com os supermercados, que agora também investem nesse segmento.

- **Minimercados**

Especialmente fortes nos bairros de baixa renda, localizam-se longe dos grandes centros. Apresentam a mesma linha de produtos da mercearia, porém já adotam o sistema de autosserviço com apenas um *check-out* (caixa registradora sobre balcão na saída da loja).

- **Lojas de conveniência**

  Modelo importado dos Estados Unidos, essas lojas vêm pouco a pouco ampliando sua presença no Brasil, principalmente nas grandes cidades. Localizam-se principalmente em postos de combustíveis e permanecem abertas 24 horas.

- **Supermercados compactos**

Caracterizam-se pelo sistema de autosserviço, têm de dois a seis *check-outs* e apresentam uma linha completa de produtos – porém compacta, com pouca variação. Em geral, os supermercados compactos pertencem a empresários independentes.

- **Supermercados convencionais**

  São de porte médio e vendem principalmente alimentos. No Brasil, a maioria das redes de supermercados é classificada como supermercados convencionais, dentre eles o Pão de Açúcar (SP), o Zona Sul (RJ), o G. Barbosa (SE). Representam a quarta parte do varejo brasileiro de alimentos.

- **Superlojas**

São lojas grandes com cerca de 4 mil m^2 e pelo menos 30 *check-outs*. Apresentam completa linha de perecíveis e razoável variedade em artigos de beleza, limpeza e higiene pessoal, além de mercearia, bazar, artigos têxteis e eletrônicos. Existem cerca de 400 superlojas no Brasil.

- **Hipermercados**

  São maiores que as superlojas, geralmente entre 6 e 10 mil m^2. Apresentam enorme variedade de produtos, por volta de 50 mil itens, e dão ênfase aos não alimentos – o que os diferencia das superlojas. Por terem preços competitivos, obtêm grande aceitação por parte dos consumidores.

- **Clubes atacadistas**

  São grandes lojas, que realizam vendas tanto no varejo (para o consumidor final) quanto no atacado (em grandes quantidades, geralmente para outros lojistas). Apresentam instalações despojadas, uma linha compacta de produtos e preços baixos. A linha de não alimentos é mais direcionada ao consumidor final, enquanto a de alimentos visa os clientes institucionais. O conhecido Makro corresponde ao conceito de clube atacadista.

Em virtude dos vários formatos de varejo que eram adotados no Brasil, a Abras e a AC Nielsen resolveram definir de uma vez a questão, e a classificação a seguir passou a ser mais aceita e efetivamente usada no meio supermercadista. Veja o quadro da Abras:

Classificação Abras de modelos de lojas

Formato	*Área de vendas em m²*	*nº de itens*	*nº de check-outs*	*Principais seções*
Compacto	*250 a 1.000*	*7 mil*	*2 a 7*	*Mercearia, hortifrúti, açougue, frios e laticínios e bazar.*
Convencional	*1.001 a 2.500*	*12 mil*	*8 a 20*	*Mercearia, hortifrúti, açougue, frios e laticínios, peixaria, padaria e bazar.*
Grande	*2.500 a 5.000*	*20 mil*	*21 a 30*	*Mercearia, hortifrúti, açougue, frios e laticínios, peixaria, padaria, bazar e eletroeletrônicos.*
Hipermercado	*+ de 5.000*	*45 mil*	*+ de 30*	*Mercearia, hortifrúti, açougue, frios e laticínios, peixaria, padaria, bazar, eletroeletrônicos e têxteis. Pode ter outras seções de não alimentos.*
Loja de conveniência	*250*	*1 mil*	*1 a 3*	*Mercearia, frios e laticínios, bazar e sancks (sanduíches, salgados e bebidas).*
Loja de sortimento limitado	*200 a 400*	*700*	*1 a 4*	*Mercearia, frios e laticínios e bazar. Ênfase em mercearia, com preços mais baixos do que outros tipos de lojas.*
Clube de compras	*	*	*	*São lojas-depósito que vendem no atacado apenas para associados, cobrando deles uma taxa anual. Os estabelecimentos têm baixo custo operacional, sortimento reduzido e preços baixos.*

A *estrutura de uma empresa supermercadista*

Independentemente do porte da empresa, há diversas tarefas de apoio (ou retaguarda) que precisam ser executadas. Nas grandes empresas, essas tarefas são claramente divididas entre os departamentos. Em empresas menores, no entanto, uma mesma pessoa acumula várias funções, como já vimos.

A estrutura de uma empresa de supermercados de maior porte em geral apresenta o seguinte formato, aqui explicado resumidamente.

- **Compras**

  Área responsável pelo relacionamento com os fornecedores. As duas principais funções de compras são a negociação do custo dos produtos e, ouvidas as demais áreas da empresa, a definição da linha de mercadorias a ser trabalhada pelas lojas. Também é importante a definição das ofertas e promoções. Na maioria das empresas, as áreas de compras e operações administram a política de preços e a margem de lucro dos produtos.

A área de compras tem intenso relacionamento com as áreas de *marketing*, finanças, logística e operações.

- **Marketing**

  Coordena a parte de propaganda e promoção de vendas, além de zelar pela administração do composto mercadológico.

As áreas de maior contato com o setor de *marketing* são as de compras, logística e operações.

- **Recursos humanos**

  Gente é o principal recurso de uma empresa de comércio e serviços, como é o caso dos supermercados. A área de recursos humanos cuida de gente, sendo responsável pelo recrutamento, seleção, treinamento e administração de pessoal. É um setor estratégico para a empresa.

  É uma área que se relaciona com todas as demais áreas da empresa, porém, em função do volume de pessoas, seu maior contato se dá com o setor de operações.

- **Logística**

Designa uma série de atividades relacionadas com a movimentação de mercadorias. Dentro do setor de logística estão os centros de distribuição ou depósitos centrais e o setor de transporte. Usualmente, este setor atua em estreita colaboração com os fornecedores, visando garantir o abastecimento dos produtos da forma mais rápida e eficiente possível.

Dentro da empresa, o setor trabalha em contato permanente com as áreas de compras, *marketing* e operações.

- **Manutenção e expansão**

Cuida das instalações da empresa, tanto da conservação de lojas, equipamentos, depósitos e outras dependências, como da construção ou adaptação de prédios para novas lojas.

No que se refere à área de manutenção, seu contato com o setor de operações é permanente no trabalho de preservar equipamentos e instalações.

- **Administrativo**

Este setor trata dos controles, rotinas e procedimentos da empresa. Tem a responsabilidade de fazer com que as informações fluam de uma área para outra e manter a empresa organizada. Em geral, a área de Informática é parte do setor administrativo, que se relaciona com todas as áreas da empresa.

- **Financeiro**

Cuida do dinheiro. É responsável pela coordenação dos orçamentos, tanto de vendas quanto de despesas e investimentos.

Em função de sua responsabilidade, o setor financeiro trabalha em contato permanente com as áreas de compras, negociando e liberando as verbas, e operações, cobrando resultados de vendas e despesas.

- **Operações (lojas)**

Nome mais comum utilizado pelas empresas para denominar o setor que administra o funcionamento das lojas e as equipes de cada loja.

Por que conhecer a empresa onde se trabalha

Wilson Toledo, gerente de operações do Pão de Açúcar na região Nordeste, falou ao Senac sobre a importância da integração de todas as áreas que estruturam uma empresa supermercadista e que, no fundo, trabalham para o sucesso das lojas. Ao final da entrevista, transcrita a seguir, saberemos por que é tão importante o profissional entender a organização onde trabalha.

Wilson Toledo iniciou sua carreira no setor supermercadista em 1988 como estagiário no Carrefour Aricanduva (SP). Depois do estágio de dez meses, assumiu a gerência da seção de hortifrúti. Durante os seis anos que permaneceu no Carrefour, gerenciou todas as outras seções do setor de perecíveis, até ser promovido a gerente-geral de perecíveis. Com a vinda do Wal-Mart para o Brasil, em 1994, foi contratado como diretor adjunto do Sam's Club, um dos modelos de loja da empresa norte-americana. Estagiou nos Estados Unidos e participou da inauguração das duas primeiras unidades do Wal-Mart no Brasil. Em 1997, passou para as Casas Sendas (RJ) como diretor do Sendas Clube, divisão de atacado do grupo. Três anos mais tarde já era contratado pela Sonae para trabalhar como gerente de operações na regional Paraná. Em 2003, foi contratado pelo Pão de Açúcar para a mesma função ainda no Paraná e, no início de 2008, foi promovido a gerente de operações para toda a região Nordeste, incluindo Ceará, Pernambuco e Piauí.

Compras, marketing, recursos humanos, logística, manutenção e expansão, administrativo, financeiro... Diante desse número de departamentos, como o de operações consegue harmonizar o trabalho de tanta gente?

Toledo: O resultado de uma empresa é obtido pelo esforço de todos. Cada departamento tem suas próprias responsabilidades e, executando-as corretamente, colabora para que a empresa atinja seus objetivos. Em uma empresa de varejo, os resultados são obtidos na loja, em contato direto com o cliente. Sendo assim, o que se espera dos departamentos da retaguarda é que cada um dê condições para que a loja seja o mais eficiente possível, atraindo, conquistando e mantendo seus clientes.

Visto que todas as áreas trabalham em função da loja, como evitar que uma se considere mais importante do que a outra?

Toledo: Não é fácil administrar uma empresa. Quanto maior a empresa, mais gente trabalha, maior o número de departamentos e mais especializada é a tarefa de cada um. As empresas bem-sucedidas, da área de supermercados ou não, são aquelas onde o entrosamento entre os setores é maior, onde há um envolvimento de todos e na mesma direção. É fundamental uma direção atenta que coordene os diferentes pontos de vista que surgem nos departamentos. A disciplina por parte dos profissionais também é essencial para que, uma vez decidida a linha de conduta, todos contribuam na aplicação das decisões. Se todos estiverem na mesma direção, o sucesso é garantido.

Algum departamento do supermercado deve ser mais afinado com outro em especial?

Toledo: As relações entre os diferentes departamentos são complexas, porém, normalmente, as áreas de compras, *marketing* e logística trabalham sempre em estreita colaboração com a de operações. A área financeira e a de compras precisam estar entrosadas, uma vez que a política comercial da empresa tem de estar muito bem-ajustada à disponibilidade de recursos.

Só para ilustrar, podemos tomar uma situação padrão do fluxo de compra e venda:

1. A área de compras recebe da financeira o orçamento de compras, definindo o quanto pode ser comprado para o período.
2. Com base na posição de estoque das lojas (operações) e da central de distribuição (logística), a área de compras negocia com os fornecedores uma compra para a reposição de produtos.
3. O setor de *marketing*, a partir dos produtos selecionados pela área de compras e de consultas à de operações, seleciona as ofertas e promoções.
4. As lojas (operações) fazem seus pedidos à central de distribuição (logística), recebem as mercadorias, providenciam sua exposição na área de vendas e atendem os clientes, tomando todas as medidas para que a venda ocorra.
5. As vendas geram recursos que são controlados pela área financeira, permitindo que o ciclo recomece.

As outras áreas da organização também não ficam de fora. A de recursos humanos tem de dar suporte à empresa toda e, em especial, à área de operações. Afinal, o grande contingente de pessoal está nas lojas, precisando de apoio para recrutamento, seleção e treinamento de pessoal. O setor administrativo deve fornecer e manter os sistemas de informação e controle para que a empresa funcione de forma organizada.

O que é mais difícil administrar, o relacionamento das equipes ou o funcionamento das lojas?

Toledo: As duas coisas são interligadas. O funcionamento da loja depende do bom relacionamento dentro de cada setor. Os funcionários precisam ser treinados, motivados, estar cientes de suas atribuições, sentindo-se parte da equipe. Cada grupo tem de desempenhar bem suas tarefas. Administrar uma loja é administrar e motivar suas equipes, permanentemente atento aos detalhes e, principalmente, aos clientes.

Qual é o ponto nevrálgico do setor de operações?

Toledo: No departamento de operações o foco é o cliente e o desafio é executar as tarefas com precisão todos os dias. As dificuldades e os problemas têm de ser resolvidos diariamente, para se ter a loja sempre pronta, limpa, abastecida, bem-precificada, com todas as promoções, para que o cliente saia sempre satisfeito, com suas expectativas atendidas e, se possível, superadas. É um trabalho permanente que sempre pode ser melhorado.

O que o profissional pode fazer para entender a estrutura da empresa em que trabalha e se sentir inserido nela?

Toledo: Todo profissional que almeja crescer dentro de uma empresa tem de perceber como é importante o próprio trabalho e o trabalho de seus colegas do setor, da loja e de outros departamentos. Para que o profissional evolua, ele precisa estar de olhos abertos, acompanhando o que se passa, perguntando, dando sugestões e entendendo o porquê de cada tarefa (...). Aqueles que conseguem adquirir uma visão geral do funcionamento da empresa como um todo e, em especial, do funcionamento da loja têm mais chances de progredir dentro da organização. E isso se consegue com o tempo, trabalhando em equipe nos vários setores e nas diferentes funções da loja, procurando aproveitar ao máximo os treinamentos, a fim de exercer novas tarefas e tomar para si mais responsabilidades.

Depois dessa visão geral sobre o setor, a administração e a estrutura do supermercado, a segunda parte do livro vai focalizar o profissional: o mercado de trabalho em que ele está inserido, os vários setores e funções presentes em um supermercado e os caminhos para o crescimento profissional em cada um deles.

segunda parte

Capítulo 1. Mercado de trabalho
Capítulo 2. Setores e funções na loja

2

o profissional

segunda parte

capítulo 1

Mercado de trabalho

O mercado de trabalho para os profissionais de supermercado é um dos mais promissores. Mas até mesmo nos momentos de crise e retração econômica, os supermercadistas sempre mantiveram seus investimentos. E hoje, com o crescimento da economia brasileira, a oferta de postos de trabalho no setor tem-se mantido acima da maioria dos outros segmentos econômicos.

Passada a fase de hiperinflação no Brasil, entre 1986 e 1994, período em que a economia brasileira conviveu com taxas altíssimas de inflação (do fracasso do Plano Cruzado até o início do Plano Real), o varejo encontrou o ambiente propício para se desenvolver.

A abertura da economia, com a expansão das importações e mais garantias aos investidores, e a estabilidade que se seguiu à implantação do Real viabilizaram investimentos estrangeiros, dando partida a um amplo processo de fusões e aquisições de empresas. Grupos internacionais entraram com tudo em nosso mercado, abrindo novas lojas e expandindo as já existentes.

Perspectivas da carreira

Dados da Associação Brasileira de Supermercados (Abras), a entidade que reúne as grandes empresas do setor, mostram que os supermercados foram responsáveis por nada menos que 868.023 empregos diretos em 2007, o que significa um aumento de 3,6% em relação ao ano anterior (veja quadro a seguir).

	nº de funcionários
Redes nacionais (Carrefour, Pão de Açúcar e Wal-Mart)	192.957
Redes regionais (4º ao 20º lugar no *Ranking* 2007)	93.362
Empresas médias (21º ao 74º lugar no *Ranking* 2007)	70.279
Pequenas empresas	471.445
Total	868.023

Além de se constituir num grande empregador, o setor de supermercados apresenta hoje uma enorme vantagem: oferece boas oportunidades de crescimento profissional. Consultores de carreiras e gerentes de recursos humanos lembram que o setor supermercadista se caracteriza por seu dinamismo e mobilidade. Há muitos setores e funções dentro de um supermercado, o que possibilita aos funcionários diversificar a rotina de trabalho e, ao mesmo tempo, ter uma visão geral do funcionamento da loja.

Veja só esta lista de funções: balconistas, repositores, açougueiros, peixeiros, padeiros, cozinheiros, operadores de caixa, fiscais de caixa, empacotadores, recepcionistas, auxiliares de serviços, assistentes de recursos humanos, auxiliares de manutenção, encarregados de portaria, auxiliares de portaria, fiscais de segurança, encarregados de setor, gerentes de setor, gerentes de loja.

Os especialistas entrevistados para a construção deste livro foram unânimes em dizer que qualquer pessoa que encare o trabalho no supermercado como uma possibilidade de carreira tem chances concretas de subir dentro da estrutura da empresa. O progresso profissional é uma realidade: "Muitos profissionais que hoje estão na chefia e na direção de grandes redes de supermercados começaram como repositores, balconistas e fiscais de caixa", afirma o empresário José Humberto Pires de Araújo, ex-presidente da Abras.

Todos os setores de um supermercado apresentam, por si só, alternativas de mobilidade e crescimento dentro do próprio setor, com cargos de encarregados, gerentes de seção e gerentes de área em supermercados maiores. Além da oportunidade de passar por diferentes setores da loja e da empresa, o funcionário esforçado e eficiente tem a possibilidade concreta de ir subindo passo a passo dentro da estrutura da organização. Consulte atentamente o organograma básico da p. 72.

Como em muitas profissões, o começo é difícil e exige muito trabalho, mas a área beneficia todos aqueles de espírito empreendedor. O funcionário pode começar em funções básicas, mas, se quiser aprender e tiver vontade de seguir carreira, vai conseguir chegar lá.

O hoje bem-sucedido empresário Amir Vargas Sanches é um bom exemplo de como o setor supermercadista muitas vezes contempla com o reconhecimento aqueles que resolvem trabalhar duro. Nascido em 1948, na cidade turística de Bonito, em Mato Grosso do Sul, desde cedo se mostrou bastante determinado, acreditando que a única fórmula para o sucesso se resumia ao trabalho. Depois de ser peão em várias fazendas da região, Amir acabou enveredando para o comércio, mais especificamente para o Mercado Trindade, um dos poucos da cidade.

Durante anos, acumulou experiência pelo fato de ser um bom observador. Aprendeu a administrar o estoque, lidar com o público e com os fornecedores. Esforçado, conseguiu também somar algumas economias, o que permitiu a Seu Amir, como é chamado na cidade, juntamente com sua esposa, montar a Mercearia Nossa Senhora Aparecida, em 1985. O negócio cresceu. Após algum tempo passou a se chamar Mercearia Santos, depois Mercado Santos e hoje Supermercado Santos. Quando indagado sobre o segredo do sucesso, Seu Amir responde: "O segredo se resume em se concentrar no trabalho, procurando fazer as coisas da melhor maneira possível. Dar o melhor de si em tudo, nunca perdendo de vista a sociedade e o reconhecimento aos clientes e funcionários."

O Supermercado Santos, hoje o maior de Bonito, comemora há alguns anos o ingresso de sua loja na maior rede do Mato Grosso do Sul – A Rede Econômica. A empresa, que já era campeã de vendas no município, dessa forma está preparada para vender muito mais, com preços mais competitivos. A loja foi equipada, modernizada e ampliada.

O gerente comercial do Supermercado Santos, Genilson Peres Sanches, também tem uma história de crescimento profissional pelo esforço pessoal e pela determinação. Desde jovem no comércio, passou por várias funções dentro da empresa antes de ser promovido a gerente: "No meu caso específico, conto com um grande diferencial. A própria história da família Sanches é um estímulo para a gente trabalhar sério. Com eles eu aprendi que crescer na área passa longe de ter sorte ou ser apadrinhado. Tudo depende do trabalho."

Requisitos básicos de um bom profissional

Honestidade, capacidade de comunicação, determinação, iniciativa, responsabilidade, coleguismo no trabalho, flexibilidade para resolver novas situações a cada dia são qualidades que se encaixam no perfil ideal de qualquer profissional. E não é diferente para aqueles que trabalham em supermercado.

Tais qualidades e ainda desenvolver a capacidade de trabalhar em equipe e manter viva a vontade de aprender sempre são atitudes que fazem crescer o profissional. Num supermercado, o interesse e o compromisso com o trabalho são, sim, sinônimo de promoção.

Maria de Fátima Pinheiro Braga, diretora da Escola Nacional de Supermercados – ligada à Abras –, diz que, mais do que conhecimento técnico e prática na função, o importante é o profissional de supermercado ter vontade de aprender, ser disciplinado e saber trabalhar em equipe.

Não adianta nada um padeiro, por exemplo, conhecer todos os segredos da confecção de pães e doces se não tem espírito de equipe, se acha que não há mais nada a aprender, e acaba se recusando a ajudar os colegas. "As grandes empresas já reconhecem os funcionários que têm vontade de crescer e que sabem dividir o conhecimento e a prática que adquiriram com outros em início de carreira. Hoje em dia, ser maleável e criativo é fundamental", afirma Maria de Fátima.

A própria Escola Nacional de Supermercados tem em suas disciplinas um enfoque muito mais generalista do que técnico. A diretora conta que, nos cursos realizados pela entidade, são priorizadas as noções gerais sobre o funcionamento de uma empresa varejista, com destaque para as qualidades que o profissional precisa desenvolver. "Queremos pessoas empreendedoras, com vontade de crescer. É preciso acabar com o preconceito de que os profissionais de supermercado são pessoas sem futuro, que apenas reproduzem, como robôs, aquilo que aprendem a executar. Queremos pessoas que saibam pensar."

Atenção!

O COMPROMISSO COM O TRABALHO É FUNDAMENTAL

Os departamentos de recursos humanos das grandes redes de supermercados já aplicam testes que buscam descobrir esse espírito empreendedor nos candidatos às novas vagas. O consultor de varejo Cláudio Felisoni diz que "não é fácil perceber todas as qualidades do profissional numa simples entrevista. Mas dá para detectar pontos importantes como iniciativa e capacidade de trabalhar em equipe".

O trabalho em equipe

Viver e trabalhar em grupo exige respeito a certas regras de convivência. São elas que farão com que o ambiente de trabalho se torne agradável e possibilite a execução das tarefas sem muito conflito entre as pessoas.

Os consultores de recursos humanos lembram a importância de atos simples, mas muitas vezes esquecidos pelos profissionais. Um "bom-dia" e um "como vai?" permitem iniciar melhor a jornada diária. Vale também, ao longo do dia, lançar alguns "por favor", "por gentileza", "obrigado" para os colegas. Ser educado sempre traz boa reação do outro, que responde no mesmo tom.

"Fofocas, historinhas de fulano e de sicrano também não levam a nada, a não ser confusão, e normalmente acabam em bate-boca e enfraquecimento do espírito do time, da equipe", lembra Thomas Case, presidente do Grupo Catho, uma das maiores consultorias de recursos humanos do país.

Por outro lado, é importante que o funcionário não se omita ao verificar alguma irregularidade no trabalho. Respeitar a hierarquia da organização, conversar com a pessoa certa, visando o benefício da empresa e a qualidade do serviço, é sempre uma boa conduta. Quem tem posições claras, firmes, mas sem ser intransigente, sem ser teimoso, acaba valorizado pelas chefias imediatas. E isso não significa prejudicar o colega, mas sim valorizar o próprio trabalho.

Em outras palavras, é possível colaborar com a empresa sem ser taxado de bajulador. Até os colegas reconhecem aqueles que trazem soluções práticas para as várias questões da rotina de trabalho, ainda mais se facilitarem as tarefas do grupo. Ser participativo é então uma qualidade importante para o trabalho em equipe. E ninguém melhor do que o profissional que convive com as rotinas de trabalho para criar soluções para os problemas que frequentemente surgem nos setores do supermercado.

Além disso, o profissional precisa ser disciplinado e cordial com os colegas. Por quê? Ora, sem disciplina é impossível executar as tarefas corretamente e em tempo hábil. Sem cordialidade, a convivência se torna difícil. Afinal, ninguém gosta de ficar ao lado de pessoas ríspidas durante muito tempo. O trabalho acaba não rendendo e as discussões só tendem a aumentar, tornando o ambiente de trabalho insuportável.

Quem pretende investir na carreira precisa ter todas essas questões em mente. Profissionais que se envolvem com o trabalho, que procuram soluções não somente para as suas próprias tarefas, mas também para as do grupo, fazem bem a si mesmos e são essenciais em qualquer empresa.

A voz da experiência

- ***Faça amigos no trabalho:*** *Muitas vezes as pessoas convivem anos a fio sem conversar com os colegas, nada além de cumprimentos formais. O resultado é um ambiente pouco acolhedor. Por que não fazer amigos no local de trabalho?*
- ***Assuma responsabilidades:*** *Fugir das responsabilidades e não assumir os pequenos e os grandes erros são os piores entraves da carreira.*
- ***Ouça a opinião dos outros:*** *Se você for teimoso a ponto de não aceitar as opiniões dos outros, verá que em pouco tempo arranjará vários opositores.*
- ***Compartilhe conhecimentos:*** *Não tenha medo de ensinar o que você sabe. Quem ensina acaba aprendendo com a dúvida do outro, porque esta pode nem ter passado por sua cabeça.*
- ***Aprenda também por observação:*** *Se souber observar os colegas e superiores com alguma sensibilidade, poderá aprender com eles. Poderá ainda estar mais atento às oportunidades dentro da empresa.*
- ***Mostre-se interessado:*** *Melhor você saber o que quer e aonde quer chegar na empresa. Mostre entusiasmo com seu trabalho e crie um clima aberto para os outros fazerem amizades. Aproveite todas as oportunidades para aprender coisas novas.*
- ***Seja educado:*** *Muitas pessoas acham que ofendendo os outros ou levantando-lhes a voz estão mostrando segurança ou inteligência. É claro que isso não faz sentido. Nada de insultar o colega!*

A ética e a apresentação pessoal são outros requisitos a serem levados a sério pelo profissional. A questão ética é muito discutida hoje em dia. Afinal de contas, em qualquer carreira existe a necessidade de se desenvolver um comportamento digno da função que se executa. Quanto à apresentação pessoal, os funcionários refletem a imagem da empresa e isso conta na hora da contratação. Os cuidados com a higiene e a aparência espelham o respeito que se tem por si mesmo e pelo outro. Profissionalmente, ainda estão envolvidos os interesses da empresa. Não há dúvida de que ela dá preferência a funcionários que se mostrem atentos a essas questões. Vamos detalhar tais itens na sequência.

Ética profissional

Palavra de origem grega, ética (*ethiké*) pode ser entendida como a parte da filosofia que estuda os valores, a conduta, o que é bom ou o que é mau, certo ou errado, e os motivos que levam uma ação a ser ou não considerada moral dentro de determinado grupo social.

Se você começar a pesquisar sobre o tema ética, vai se deparar com o nome de alguns filósofos que pensaram sobre esse conceito. A coisa é complexa, mas na prática profissional as questões éticas são mais evidentes e de fácil compreensão.

Muitos supermercados brasileiros já possuem um código de ética ou alguma forma de compromisso com a ética. Para essas companhias, a credibilidade da instituição é o reflexo da prática de valores como integridade, honestidade, transparência, qualidade do produto, eficiência do serviço e respeito ao consumidor. Daí o motivo de muitas empresas terem adotado elevados padrões pessoais de conduta para a seleção de seus funcionários.

Em outras palavras, o profissional que quer uma oportunidade numa empresa dessas deve ter em mente que precisará cultivar qualidades como honestidade, disciplina, seriedade e respeito às regras, às normas de conduta e ao próprio patrimônio da organização.

O proprietário de um supermercado paulistano, que prefere não se identificar, conta uma história que ajuda a entender, na prática, essa questão. Ele lembra que há alguns anos foi surpreendido por um problema de saúde que o levou a se preocupar em escolher alguém de confiança dentro da empresa para substituí-lo em tarefas externas e mais cansativas:

> *Sofri um enfarte e fiquei temporariamente fora de combate. Como sempre centralizei as coisas, evitando delegar tarefas e funções, me vi em uma situação inédita. Tinha de escolher entre alguns candidatos aquele que viria a assumir*

importantes tarefas de chefia. Assim que a notícia se espalhou, muitos interessados na promoção apareceram. Fiz várias entrevistas, que em nada ajudaram. Na conversa, todos eram maravilhosos. Resolvi optar por outras formas de seleção. Comecei a conversar com o pessoal da loja. Empacotadores, caixas, atendentes. Quase sem querer, acabei chegando a um gerente de atendimento em quem eu nunca havia prestado muita atenção. Comecei a examinar seu trabalho. Pontual, chegava na loja todos os dias um pouco adiantado. Tratava os colegas e subordinados com simpatia. Como tinha um bom relacionamento com todos, acabava se oferecendo, com discrição, para solucionar todos os problemas de relacionamento comuns à sua área.

Solícito, resolvia até aquelas questões que outros preferiam deixar para lá. Várias vezes eu o vi ajudando a consertar máquinas e aparelhos danificados por terceiros, sem entregá-los imediatamente às chefias diretas. Antes, ele tentava entender o que havia acontecido. Notei o quanto era ético. E, por ser discreto, talvez eu nunca o tivesse notado com a devida atenção. Diferente de muitos que falam, falam e, por trás, não são nada daquilo que apregoam. Vi que eu tinha ali o gerente de que tanto precisava. Nunca me arrependi. Logo depois da minha recuperação, abri uma segunda loja no bairro e ele continua gerenciando as duas com competência e muita seriedade.

O empresário Francisco Tufano coleciona várias histórias semelhantes. Dono do Supermercado Proença, loja de porte médio na região central de São Paulo, ele conta que há muito tempo aprendeu que, nessa área, "a palavra" vale mais do que mil cursos de profissionalização. Segundo ele, todos os encarregados e supervisores de sua loja fizeram carreira na empresa e foram promovidos por mostrar qualidades como honestidade e capacidade de trabalhar em equipe, auxiliando os colegas na solução dos problemas do dia a dia.

Basta você trabalhar um tempo com o setor supermercadista para aprender que nesse tipo de negócio a ética é fundamental. Isso acontece por vários motivos. Nossa ocupação está ligada à área comercial, ou seja, trabalhamos com pessoas, atendemos clientes exigentes, que sabem o que querem e não admitem ser enrolados. Mais do que isso, trabalhamos com vendas, com dinheiro vivo. Precisamos de funcionários honestos, confiáveis. Afinal, são eles que farão o negócio crescer ou afundar. Não adianta nada eu ter um caixa que fez até faculdade de contabilidade, se ele é desonesto, engana a empresa e os clientes. E, se isso vale para os cargos mais simples, imagine para os postos de chefia. Nenhum supermercadista promoveria alguém que não fosse digno de confiança. E isso é o tipo da coisa que só se descobre no dia a dia, com a avaliação do profissional, quando se identifica aquele que merece ser promovido. Para não cometer injustiças nas promoções, delego à minha gerente administrativa a tarefa de acompanhar os funcionários. Por estar mais próxima deles, ela sabe quem se destaca por ser uma pessoa ética e descarta aqueles que só querem se dar bem, enganar os outros ou se envolver em brigas com os colegas.

Entendido o significado de "ética", resta saber como se tornar um profissional ético. Como adotar, na prática, atitudes e ações que contribuam para melhorar a relação entre as pessoas no ambiente de trabalho e para aprimorar os produtos e serviços oferecidos ao cliente.

A resposta é razoavelmente simples: um funcionário ético é, antes de tudo, uma pessoa ética. Uma pessoa que se preocupa em estender para sua vida social (trabalho e lazer) as características que fazem dela "uma pessoa de bem".

Difícil? Nem tanto. "Sabemos que uma pessoa correta é aquela que respeita o próximo, que cuida do que não é dela como se dela fosse, que se precupa em ser solidária, que não chantageia nem trapaceia, que não faz corpo mole ou procura tirar vantagens de cargos e funções", diz Thomas Case.

O funcionário ético sabe que está ali para trabalhar e não para enrolar, meter-se em encrencas ou fofoquinhas e, muito menos, usar equipamentos ou bens da empresa para fins pessoais. Exemplificando, Thomas Case lembra um fato recente que acabou acarretando debates sobre ética no trabalho. Funcionários brasileiros de duas das maiores montadoras de veículos do mundo (General Motors e Ford) acabaram demitidos após a troca de vários *e-mails* com conteúdo pornográfico. Parte desses *e-mails* acabou parando nas matrizes dessas empresas, acarretando as demissões. Segundo comunicado divulgado internamente, a General Motors afirmou que o uso indevido da internet "viola os valores da companhia e prejudica os esforços coletivos para proporcionar um ambiente de trabalho saudável".

Vê-se logo que ética profissional diz respeito não somente às relações interpessoais (entre duas ou mais pessoas) no trabalho, mas também às relações do funcionário com a empresa e, por conseguinte, com a imagem que a empresa mantém no mercado.

O trabalho na loja

Apresentação pessoal

A forma como o profissional de supermercado se apresenta no ambiente de trabalho ganha um peso cada vez maior nas organizações. Ao lado dos conhecimentos técnicos, da busca por uma atuação ética e da vontade de aprender, espera-se que o profissional se preocupe com a higiene e a aparência. "Num supermercado, as estrelas devem ser os produtos, o equipamento, a loja como um todo. Portanto, o que vale é adotar um visual discreto, cabelos arrumados e bem aparados, sapatos engraxados ou tênis limpos", afirma Suzana Doblinski, consultora de etiqueta empresarial.

Os cuidados que contribuem para a boa aparência esbarram na higiene pessoal, mas nada muito diferente das recomendações para uma vida saudável: banho diário, dentes bem-escovados, desodorante discreto, colônias e perfumes leves, unhas bem-cortadas e limpas e mãos lavadas constantemente. Para os homens, é importante estar sempre de barba feita. Para as mulheres, a maquiagem suave costuma ser a mais indicada pelas empresas.

O funcionário deve ainda zelar pela aparência do uniforme, mantê-lo sempre limpo e em boas condições de uso. "A maioria das empresas tem optado por fornecer as roupas ao profissional, que passa a ficar responsável por sua conservação e limpeza", afirma Maria Aparecida Fonseca, diretora de recursos humanos do Grupo Pão de Açúcar.

Segundo Maria Aparecida, manter os uniformes sempre em dia se resume em lavá-los regularmente, prender botões, cuidar de possíveis furos e, até mesmo, vesti-los apropriadamente. "Lembro sempre aos funcionários que o uso do branco, para a maioria dos balconistas de perecíveis, é para destacar a limpeza e garantir a assepsia e a higiene no manuseio de produtos. Daí a importância da roupa limpa e bem-conservada."

Os consultores ainda lembram que bonés (para homens), toucas (para mulheres), máscaras, aventais, luvas não foram adquiridos para ficar no armário: devem ser usados de acordo com as regras de higiene adotadas pela empresa.

Cuidados com os equipamentos

> **Atenção!**
>
> É PRECISO SABER LIDAR COM OS EQUIPAMENTOS

Profissionais cuidadosos são sempre valorizados em qualquer empresa. Mas, para o setor supermercadista, essa característica é considerada fundamental. Afinal, cuidar de grande variedade de equipamentos faz parte da rotina de trabalho do profissional de supermercado.

Todos os equipamentos devem ser utilizados adequadamente pelos operadores e precisam ser bem-conservados, para que tenham o máximo de vida útil. Isso se consegue cumprindo à risca as recomendações de uso e conservação que o fabricante indica. É importante que o operador de supermercado conheça o modo de funcionamento e conservação de cada equipamento do setor em que trabalha.

O procedimento padrão do mercado é o fornecedor dar treinamento direto nas empresas. Mas a própria empresa pode tomar para si essa tarefa de capacitação. É preciso que o profissional considere também que há muito dinheiro investido em equipamentos e utensílios, que foram adquiridos para melhorar a qualidade dos serviços prestados pelo supermercado, facilitar o trabalho dos funcionários e aumentar a satisfação dos clientes.

No próximo capítulo, vamos conhecer os principais equipamentos usados nos diferentes setores de um supermercado e aprender como cuidar deles.

Atendimento ao cliente

O sucesso ou o fracasso de uma empresa comercial está diretamente relacionado com o grau de satisfação de seus clientes. Não é à toa que todas se empenham em oferecer o melhor atendimento e investem na fidelização, visando obter os melhores resultados operacionais e financeiros possíveis.

Há consenso em que todo cliente deve ser tratado como um ser único: com nome, expectativas, preferências, sentimentos e critérios de avaliação próprios. É claro que cada supermercado vai nortear seus funcionários quanto às questões de atendimento – vai explicar como o cliente deve ser abordado, se "O cliente tem sempre razão" é a máxima da empresa etc. –, mas já é bom o operador de supermercado se conscientizar de que as questões de atendimento têm tudo a ver com seu trabalho.

Qualquer oportunidade de criar um vínculo de comunicação com o cliente constitui um momento singular e imperdível, em que o profissional poderá, além de conhecê-lo melhor, orientá-lo adequadamente sobre o produto que está comprando. Todas as reclamações devem ser analisadas e respondidas, mesmo que, aparentemente, o cliente não tenha a mínima razão. Essa medida só contribuirá para melhorar o relacionamento empresa--profissional-cliente final – não perdendo de vista que o profissional é um intermediário nessa história.

De acordo com a Abras, a profissionalização e a modernização do setor já permitem ao cliente definir mais claramente os limites daquilo que pode ser considerado uma boa oferta de produtos e serviços. É bom frisar que o cliente hoje está consciente de que tem direitos, no entanto nem sempre ele os conhece objetivamente. Mais ainda: às vezes superestima seus direitos.

É comum o cliente reclamar junto ao supermercado, ou mesmo aos órgãos oficiais de atendimento ao consumidor, dos defeitos ou da qualidade dos produtos comprados, sem se dar conta de que os manuseou de forma errada ou não observou as instruções de conservação. Nesses casos, cabe ao profissional do supermercado explicar a maneira correta de manuseio e conservação do produto e, na maioria das vezes, numa atitude simpática, oferecer a sua substituição. Em geral esse procedimento dos supermercados é duplamente vantajoso: o consumidor ganha no atendimento e a empresa melhora sua imagem.

Na verdade, todo cliente crítico deveria ser muito bem-acolhido pelo supermercadista, pois fornece dados importantes à empresa. Além do mais, todo cliente, mesmo o que não tem razão, se corretamente atendido e orientado, acaba mantendo vínculos de lealdade com a empresa.

Mas o que fazer com os clientes "agressivos", aqueles que tratam mal os colaboradores da loja? É preciso colocar sempre à disposição desse cliente um profissional paciente e disposto a solucionar problemas, disposto a ouvir.

Atenção!

O CLIENTE SEMPRE MERECE TODA A ATENÇÃO

Ouvir significa, antes de tudo, não julgar com precipitação. Significa manter a calma, às vezes até falando mais baixo do que o consumidor, para demonstrar realmente que está ali para prestar-lhe ajuda, inclusive através de sinais não verbais (do tipo balançar a cabeça indicando compreensão).

Mesmo sabendo que cada caso é um caso, em situações de "agressão em voz alta", para evitar tumulto na loja ou prejuízos à imagem da empresa, a sugestão é que o profissional de supermercado conduza o cliente educadamente à área da gerência e ali, mantendo o clima de confiança e amizade, ouça e procure entender as razões do cliente, identificando alternativas para a solução do problema. O que não convém nessas situações é a desatenção, o que provocaria uma irritação ainda maior do cliente. Também não se pode permitir qualquer tipo de agressão física, claro.

Uma das melhores formas de se evitar problemas no atendimento é estabelecer canais constantes de comunicação entre empresa e cliente. Leve-se em consideração que, antes de se encaminhar ao Procon, o cliente normalmente procura resolver seu problema no próprio supermercado.

É aí que entra em cena o profissional sempre atento ao comportamento do cliente. Se, por exemplo, o profissional ouve um casal comentar que não encontrou o queijo parmesão que costumava comprar, pode muito bem, dependendo das diretrizes de atendimento do supermercado, oferecer gentilmente a entrega do queijo na residência do casal, caso possa consegui-lo no estoque ou em outra loja. Uma solução interessante seria sugerir outra marca de mesma qualidade.

O profissional de supermercado também pode entrar em cena quando um cliente não consegue encontrar determinado produto nas gôndolas. O olhar perdido do cliente ou mesmo um eventual pensamento em voz alta sinalizam que ele está precisando de ajuda. Nessas situações, o profissional pode se antecipar e encaminhar o cliente até o produto.

Ombudsman: o Pão de Açúcar foi o pioneiro em 1993

A palavra sueca já entrou para o vocabulário dos brasileiros como sinônimo de defensor do cliente e do consumidor. O termo ombudsman *se popularizou em 1989, quando o jornal* Folha de S. Paulo *indicou um jornalista para ser o representante do leitor.*

Na rede de supermercados Pão de Açúcar, a figura desse superfuncionário existe desde 1993. A primeira pessoa a ocupar o cargo foi a relações-públicas Vera Giangrande. Descendente de italianos e piracicabanos, Vera nasceu no bairro de Perdizes, na cidade de São Paulo, em 1931. Até conseguir seu primeiro emprego na área de comunicação, ela percorreu um longo e sinuoso caminho: formou-se em biblioteconomia, trabalhou como secretária de um executivo e de um cartola do futebol (o presidente do Santos, Modesto Roma), vendeu artigos finos importados, foi dona de um café/restaurante na avenida São João, entre inúmeras outras atividades.

A ombudsman *chegou ao Pão de Açúcar junto com uma gigantesca reestruturação que livrou o grupo da falência. Posicionada ao lado do presidente no organograma da empresa, Vera foi peça-chave na ressurreição da maior rede de varejo no país. Durante o tempo em que ficou à frente do cargo, Vera lidou com mais de 40 mil reclamações, 85% delas queixas sobre produtos. Todas foram respondidas. Uma de suas frases preferidas na época era "Um cliente insatisfeito falará mal de sua empresa sempre que tiver oportunidade".*

A primeira ombudsman *do Pão de Açúcar faleceu em agosto de 2000. Estava de malas prontas rumo a uma série de palestras no Rio Grande do Sul. Desde então, o grupo resolveu manter o trabalho iniciado por ela com a mesma equipe de funcionários e colaboradores. Mas, para homenageá-la, decidiu manter o cargo vago. Ninguém poderia substituí-la. Outras cadeias de supermercados estudam a criação de cargo semelhante.*

Direitos do consumidor

Por trabalharem com ampla gama de mercadorias – de alimentos a produtos automotivos –, os supermercados e, por consequência, seus funcionários estão sujeitos a uma série de questões relacionadas à prática comercial. Os direitos do consumidor são uma delas.

Da estocagem dos produtos à sua comercialização, o processo de vendas precisa estar sob controle constante, a fim de evitar desgastes com o consumidor final. Mesmo que se recomende que as queixas dos clientes sejam sempre encaminhadas imediatamente para as chefias responsáveis do supermercado, conhecer os principais organismos de defesa do consumidor faz parte do currículo de qualquer funcionário bem atualizado.

Estes são os principais órgãos de defesa do consumidor em operação no país:

Principais órgãos de Defesa do Consumidor

- ***Procon:*** *recebe reclamações em geral.*
- ***Instituto Brasileiro de Defesa do Consumidor (Idec):*** *Presta assistência jurídica a associados e faz testes de produtos.*
- ***Promotoria de Justiça do Consumidor:*** *defende os interesses coletivos dos consumidores.*
- ***Secretaria de Direito Econômico (SDE):*** *recebe reclamações sobre atos lesivos ao consumidor.*
- ***Ministério da Justiça:*** *é o responsável pelo Sistema Nacional de Defesa do Consumidor.*

A Fundação Procon-SP dá algumas dicas aos profissionais da área. Apesar de parecerem complexas num primeiro momento, podem ser tranquilamente adotadas no dia a dia da empresa. Para facilitar o entendimento, a fundação dividiu as recomendações em dois grandes grupos: as relacionadas à venda de alimentos in natura (com nenhum ou muito pouco tratamento industrial) e industrializados e as que devem ser aplicadas na comercialização de bens duráveis.

■ Comércio de alimentos *in natura* e industrializados

Quando se trata de alimentos, todo cuidado é pouco na hora de vender. O Código de Defesa do Consumidor (CDC) existe para proteger os direitos dos consumidores e é bastante rigoroso na fiscalização desse segmento.

De acordo com o CDC, os estabelecimentos comerciais (qualquer tipo de ponto de venda) devem estar sempre limpos, arejados e iluminados. Bancadas, mesas, pisos e paredes devem ter uma higiene sistemática, e os alimentos têm de ser embalados adequadamente para evitar contaminações.

As temperaturas de refrigeração de alimentos devem ser respeitadas, assim como os carimbos de inspeção federal ou estadual. As embalagens, por sua vez, devem ter lacre eficiente e ser adequadas aos diferentes tipos de alimentos. Produtos industrializados, inclusive bebidas, devem trazer o número de lote e de registro do Ministério da Agricultura ou da Saúde.

De acordo com o Procon, os funcionários devem estar atentos às alterações na aparência dos alimentos, sua coloração, textura e cheiro. Ocorrendo problemas de qualidade, o responsável deve ser comunicado para que possa reclamar junto ao departamento de compras. Veja os casos mais comuns:

- Lata estufada é sinal de deterioração do alimento.
- Lata amassada prejudica a qualidade do alimento, porque o verniz interno pode ter-se rompido, causando contaminação do conteúdo.
- Lata enferrujada ou vidro com tampa enferrujada são sinais característicos de produto velho e mal-armazenado.
- Vidro com líquido turvo ou com espuma indica alimento estragado.
- Produtos com validade vencida são impróprios para consumo.
- A ausência de tradução para o português das informações constantes dos produtos importados pode levar a enganos.

Comércio de bens duráveis

A comercialização de bens duráveis deve seguir as determinações do Código de Defesa do Consumidor, independentemente de o produto ser nacional ou importado.

O código é claro e diz que todo produto comercializado no país deve apresentar informações corretas, claras e em língua portuguesa sobre características, qualidade, quantidade, composição, preço, garantia, prazo de validade e origem, além dos riscos que o produto possa apresentar à saúde e à segurança dos consumidores.

Produtos eletroeletrônicos devem vir acompanhados do manual de instrução. E, no caso da venda, o profissional deve ainda assinar e datar o termo de garantia, bem como verificar se a relação da rede de assistência técnica autorizada está junto com o produto adquirido. Por tais razões, é essencial que os profissionais conheçam o CDC referente aos bens duráveis.

Os direitos do consumidor, preços e etiquetas

O Artigo 31 do Código de Defesa do Consumidor determina que toda oferta deve assegurar as informações corretas e precisas sobre as características do produto. E o preço é o dado que mais salta aos olhos do consumidor.

A assessora de direção do Procon-SP, Sônia Cristina Amaro, lembra que os supermercados que praticam preços diferentes na prateleira e no caixa estão sujeitos a multas, porque ferem o CDC. Através das denúncias dos consumidores, o órgão poderá ainda fiscalizar os supermercados e aplicar-lhes multa de até 15 mil salários-mínimos, se cobrarem um preço diferente do anunciado em publicidade, cartazes exibidos na loja ou folhetos promocionais.

É importante saber que o preço de venda precisa estar correto e ser identificado com facilidade pelo consumidor. Em caso de dúvida, vai valer sempre o preço mais baixo. Disso o consumidor não pode abrir mão. Por essas e outras, o profissional do supermercado deve estar consciente da importância de seu trabalho de precificação.

segunda parte

capítulo 2

Setores e funções na loja

Já vimos que o varejo envolve grande interação entre as pessoas. No caso dos supermercados, os dois lados mais importantes da relação de vendas são os clientes e os operadores. São eles as verdadeiras "estrelas" do negócio. Sem clientes, não há vendas. E nada acontece sem operadores. Mesmo a mais modesta colocação é vital para o sucesso da empresa e, por isso, todo profissional da área de supermercados deve ter consciência de sua importância dentro do negócio. Para atingir o sucesso, é fundamental conhecer bem a atividade que será desempenhada dentro do supermercado.

A organização das lojas pode variar, com nomes alternativos para determinadas funções e até com alguns cargos que não existem nos concorrentes, dependendo do porte da empresa, mas há um organograma básico que dá conta da estruturação de um supermercado. É esta organização básica que será apresentada neste capítulo.

Gerente-geral de loja

Linha de frente

- *Gerente de frente de caixa e tesouraria*
  - **Encarregado de frente de caixa**
    - *Fiscais de caixa*
    - *Operadores de caixa*
    - *Empacotadores*
    - *Recepcionistas*
  - **Encarregado de tesouraria**
    - *Tesoureiros*
- *Gerente de mercearia e bazar*
  - **Encarregado de mercearia seca**
    - *Gerenciadores*
    - *Repositores*
  - **Encarregado de bebidas**
    - *Gerenciadores*
    - *Repositores*
  - **Encarregado de higiene e limpeza**
    - *Gerenciadores*
    - *Repositores*
  - **Encarregado de bazar**
    - *Gerenciadores*
    - *Repositores*
- *Gerente de perecíveis*
  - **Encarregado de hortifrúti**
    - *Balconistas*
    - *Auxiliares*
  - **Encarregado de açougue**
    - *Açougueiros*
    - *Balconistas*
    - *Auxiliares*
  - **Encarregado de frios e laticínios**
    - *Gerenciadores*
    - *Balconistas*
    - *Repositores*
    - *Auxiliares*
  - **Encarregado de peixaria**
    - *Peixeiros*
    - *Balconistas*
    - *Auxiliares*
  - **Encarregado de padaria**
    - *Padeiros*
    - *Confeiteiros*
    - *Balconistas*
    - *Auxiliares*
  - **Encarregado de rotisseria**
    - *Cozinheiros*
    - *Balconistas*
    - *Auxiliares*

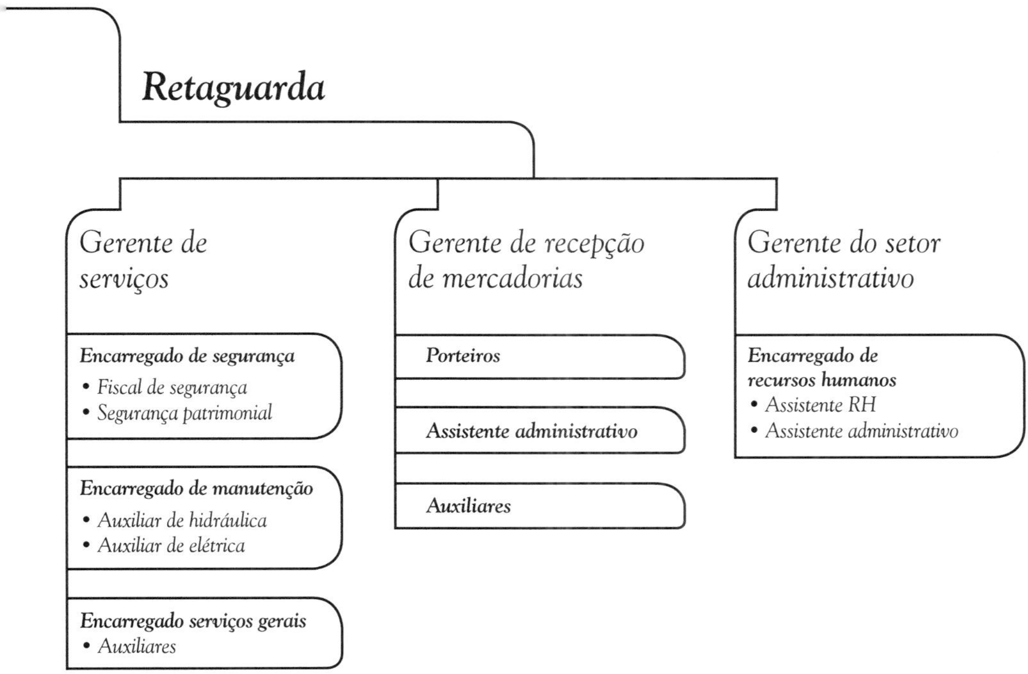

Com base neste organograma geral, na sequência iremos detalhar os principais setores e funções dentro de uma loja, sem entrar demasiadamente nos aspectos técnicos de cada função, uma vez que eles variam muito de empresa para empresa e requerem um manual específico para cada caso.

Primeiro vamos tratar dos setores ligados estreitamente à venda, os quais poderíamos classificar como a linha de frente do supermercado: frente de caixa e tesouraria, mercearia e bazar, perecíveis. Depois, as áreas que atuam fora do segmento de vendas, a chamada retaguarda (ou apoio), composta pelos setores de serviços, de recepção de mercadorias e administrativo.

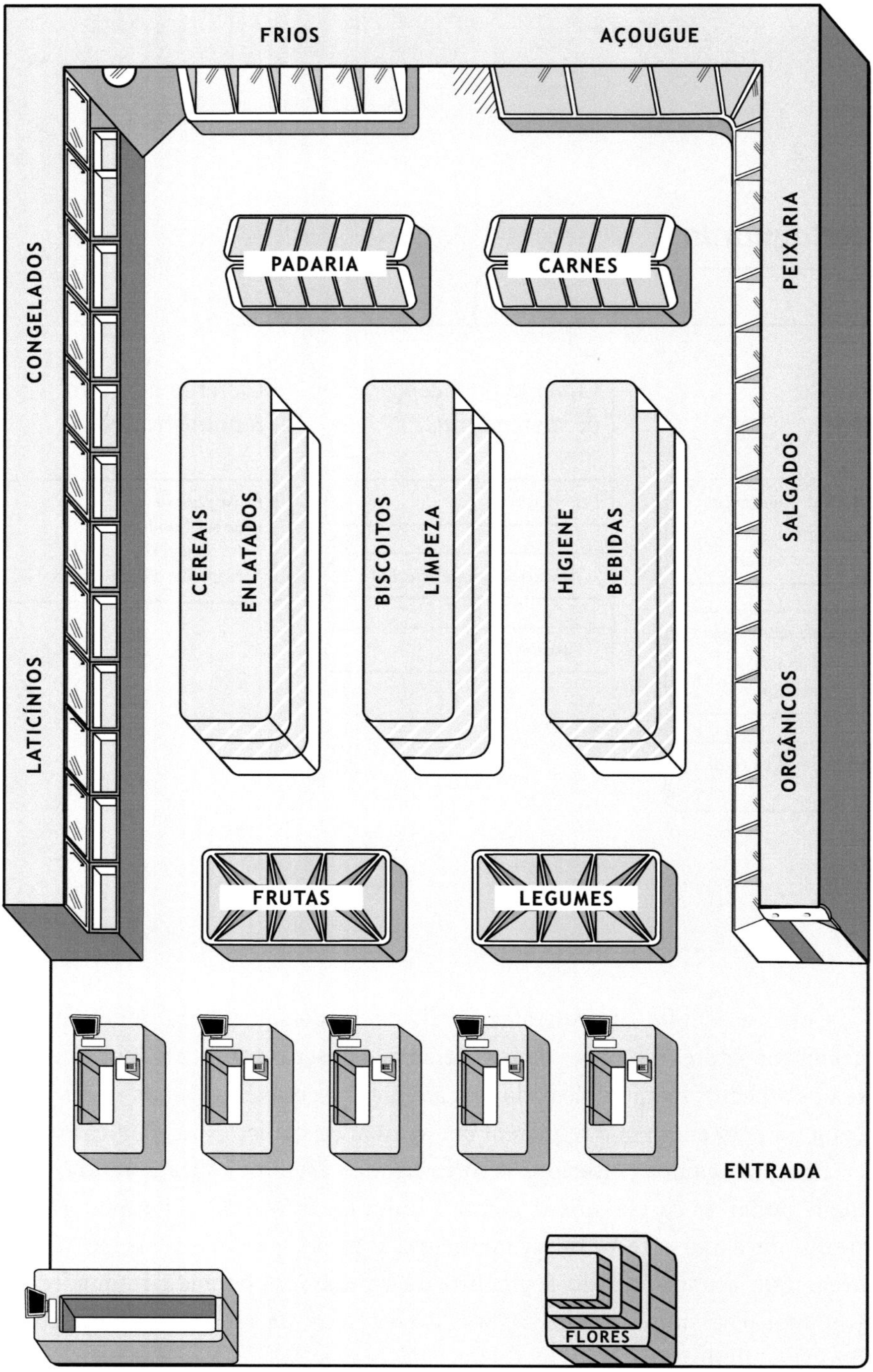
FRIOS
AÇOUGUE
CONGELADOS
LATICÍNIOS
PEIXARIA
SALGADOS
ORGÂNICOS
PADARIA
CARNES
CEREAIS
ENLATADOS
BISCOITOS
LIMPEZA
HIGIENE
BEBIDAS
FRUTAS
LEGUMES
ENTRADA
FLORES

Linha de frente

Setor de frente de caixa e tesouraria

O setor de frente de caixa e tesouraria agrupa dois tipos de função bastante diferentes. Enquanto a tesouraria da loja (onde é feito todo o controle da movimentação financeira gerada pelos clientes) funciona em uma área fechada na qual trabalha um grupo restrito de funcionários, a frente de caixa é composta por uma equipe grande, formada pelos funcionários que mantêm contato mais próximo com o cliente.

Em geral, a estrutura desse setor tem o seguinte organograma:

Quem trabalha nas funções ligadas ao setor de frente de caixa deve saber que, muito mais do que conhecimentos práticos, terá de desenvolver alguns dons de "psicólogo" para lidar bem com o público.

Quando um cliente visita um supermercado, ele gasta a maior parte do tempo na escolha dos produtos, dentro do sistema de autosserviço. Passeia pelos corredores, observando as gôndolas, balcões, escolhendo e examinando aquilo que pretende comprar.

Depois dessa fase, geralmente tida como prazerosa, é hora então de pagar as compras. A partir daí, o tempo de permanência dentro da loja torna-se irritante para o cliente, que passa a ter pressa e nenhuma paciência. Na verdade, esse momento de *check-out* é crítico também para o supermercado, que precisa prestar um serviço com rapidez e eficiência. Afinal, o cliente vê mais de perto a forma como o pessoal do setor de frente de caixa trabalha e o atende. Imagine então se o cliente tiver de enfrentar fila e se deparar com profissionais despreparados!

Toda a equipe do setor de frente de caixa tem uma responsabilidade muito grande em relação ao atendimento ao cliente. Esses profissionais precisam ser simpáticos, prestativos e muito claros no que dizem, para que o cliente consiga finalizar suas compras da maneira mais agradável possível. As operações devem ser rápidas, precisas e eficientes.

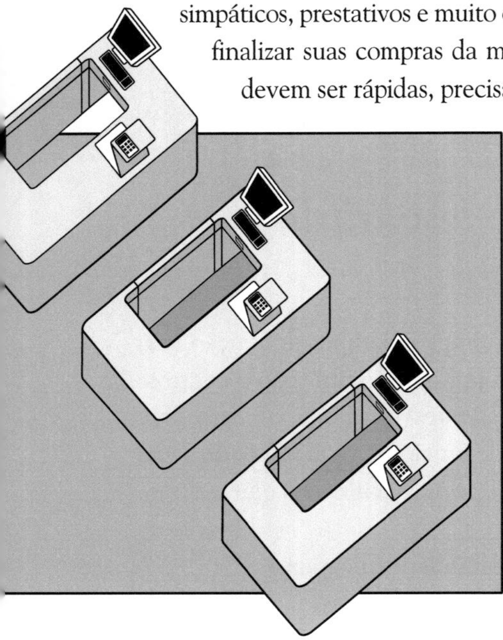

Os cargos no setor de frente de caixa são os seguintes:

- Fiscal de caixa
- Operador de caixa
- Empacotador
- Recepcionista

Operador de caixa, empacotador e recepcionista estão entre os cargos que mais vagas abrem para a admissão no segmento de supermercados. A função de fiscal de caixa normalmente é a primeira promoção que esses profissionais podem conseguir. Vejamos essas funções com mais detalhes.

Fiscal de caixa

A maioria dos fiscais já exerceu a função de caixa por algum tempo. Foram promovidos por mostrarem competência como operadores, capacidade de observação, liderança e seriedade no trato com o dinheiro.

O número de fiscais depende do número de *check-outs* e operadores de caixa de que o supermercado dispõe. Em algumas lojas o fiscal é conhecido como supervisor.

■ Principais tarefas

Entre as tarefas do fiscal de caixa, podemos listar:

- Supervisão da abertura e do fechamento do turno de trabalho de cada operador de caixa.
- Acompanhamento do trabalho dos operadores, verificando rapidez, eficiência e padrão de atendimento aos clientes. Providencia também troco, quando necessário.
- Suporte aos operadores, tirando dúvidas, orientando e auxiliando sempre que solicitado.
- Cancelamento e estorno de registros incorretos efetuados pelos operadores.
- Treinamento dos operadores recém-contratados.
- Supervisão do trabalho dos empacotadores, verificando o cuidado no manuseio dos produtos, a rapidez na execução das tarefas e o nível do atendimento aos clientes.
- Acompanhamento da movimentação de clientes, abrindo mais *check-outs* nos momentos de maior movimento e orientando os clientes em direção às filas menores.
- Coordenação da equipe de empacotadores com o objetivo de melhorar o fluxo de clientes nos *check-outs*.
- Autorização para pagamentos em cheque ou cartão de crédito, de acordo com as regras e limites estabelecidos pela empresa.
- Acompanhamento dos problemas de registro de produtos, informando aos responsáveis pela área de vendas a solução dos mesmos.
- Conferência do movimento financeiro realizado pelos operadores (dependendo da empresa, essa função pode ser da tesouraria).

Uma das funções do fiscal é providenciar, junto com os operadores, as "sangrias de caixa", uma prática de segurança definida pelas empresas, para que as máquinas registradoras não fiquem com um volume de dinheiro acima do necessário.

As empresas de supermercados estabelecem regras para as sangrias. Umas orientam os operadores a não ultrapassarem um limite preestabelecido de dinheiro na gaveta do caixa. Assim, o montante maior é retirado, especialmente as cédulas de maior valor. Já outras empresas determinam que as sangrias ocorram periodicamente, em intervalos também preestabelecidos.

Na sangria, o montante retirado da registradora é colocado em um envelope lacrado com a assinatura do operador e do fiscal e enviado para a tesouraria, onde tudo é conferido e o valor da sangria é creditado ao operador no fechamento de seu caixa.

Em supermercados de menor porte, normalmente todo pagamento em cheques é feito em balcões localizados atrás da linha de *check-outs*. Nesse caso, o trabalho de recebimento de cheques é feito por fiscais de caixa, que conferem seu preenchimento e solicitam ao cliente informações adicionais, como telefone, endereço e documento de identidade.

Várias empresas possuem cadastro de clientes para liberar o pagamento em cheque, cabendo ao fiscal de caixa verificar se o cliente é cadastrado ou não. Cada empresa também estabelece seus limites de valor para consultas a serviços de proteção ao crédito, bem como os valores máximos para pagamento em cheque. Os fiscais de caixa têm a difícil tarefa de seguir as normas da empresa sem que os procedimentos se transformem num fator de desgaste com a clientela da loja.

Os pagamentos feitos através de cartões de crédito ou de débito também ficam sob a responsabilidade dos fiscais quando o supermercado não está equipado para que essa modalidade de pagamento seja feita no próprio *check-out*.

Operador de caixa

Atualmente, quase 100% da contabilidade e do fluxo de caixa dos supermercados são realizados com o auxílio de computadores. Por mais antigas que sejam, as máquinas registradoras utilizadas pela maioria das empresas já têm boa parte de suas funções informatizada.

As grandes redes e os hipermercados e boa parte das empresas médias estão ainda mais avançados, lançando mão de leitoras ópticas, os *scanners*, que registram todas as informações sobre o produto contidas no código de barras. Com isso, o tempo gasto pelo operador de caixa em cada compra caiu praticamente à metade.

Aparentemente, a vida do operador de caixa é muito fácil, não é? Não precisa fazer contas de cabeça nem dedilhar os preços na máquina. Mas não é bem assim. O caixa não é um mero registrador de preços. Ele tem de ter noções básicas de informática e estar atento à operação toda – coisas que aprende no treinamento das próprias empresas. Além disso, a função requer honestidade, seriedade, atenção e destreza. Justamente por isso, o caixa acaba sendo um bom ponto de partida para se fazer carreira no supermercado.

> **Atenção!**
>
> SER UM BOM CAIXA NÃO É TAREFA SIMPLES

As empresas sabem valorizar aqueles que se mostram sérios, rápidos e honestos. O profissional que atua na função de operador de caixa e quer crescer na empresa precisa mostrar interesse, conhecer a parte técnica do serviço e, especialmente, saber lidar com o público. Muitas empresas pedem ainda bom humor, um sorriso estampado no rosto e aquele cumprimento de praxe: bom-dia, boa-tarde, boa-noite, volte sempre.

■ Principais tarefas

Antes do início do seu turno, o operador de caixa deve receber e conferir o fundo de caixa, colocando o dinheiro na gaveta registradora de acordo com o valor das cédulas e moedas.

Feito isso, deve conferir o somador, fazendo a leitura dos registros do movimento do dia ou do operador de caixa anterior. Essa tarefa deve ser feita ao lado do fiscal de caixa, que irá verificar se o valor confere com o que já foi registrado no controle de caixa.

Os próximos passos são verificar se a data a ser impressa pela registradora confere com a do dia e se as fitas estão corretamente colocadas. Evidentemente, canetas, sacos plásticos, blocos de registro e demais acessórios próprios de cada empresa devem estar à mão do operador no *check out*.

Tudo pronto, o caixa já poderá ser aberto para o público. Durante o trabalho, valem as dicas comuns a todas as atividades ligadas ao atendimento aos clientes: manter-se atento e procurar ser simpático e solícito. Os supermercados que não trabalham com código de barras costumam pedir aos operadores que tomem muito cuidado com a conferência de etiquetas, para notar se não foram trocadas – sem querer ou mesmo de propósito – pelo cliente.

É bom lembrar que, durante a fase de registro das compras, as mercadorias devem ser tratadas com carinho. Jamais jogá-las sobre a bancada ou apertá-las. O operador de caixa deve, na medida do possível, ajudar o trabalho do empacotador, agrupando as compras conforme seu gênero. Por exemplo, artigos secos com artigos secos, congelados com congelados, materiais de limpeza exclusivamente com materiais de limpeza, e assim por diante.

No final do turno, é hora de efetuar nova leitura da máquina à vista do fiscal, retirar todos os valores do gaveteiro, limpar o local de trabalho e deixar o *check-out* organizado para o profissional que assumirá o posto em seguida. Por fim, levar os valores recebidos para local predeterminado, normalmente uma sala próxima à tesouraria da loja, e providenciar a contagem das cédulas, cheques, tíquetes e moedas sempre na presença do responsável pela conferência (fiscal de caixa, tesoureiro, caixa geral ou gerente).

■ Treinamento

As grandes empresas costumam oferecer o treinamento necessário para que o profissional aprenda a operar as caixas registradoras. Na maioria das vezes, esse treinamento é feito com a presença de técnicos das empresas responsáveis pelo equipamento utilizado na loja. O operador de caixa precisa também de noções básicas de informática. Ter utilizado uma calculadora profissional alguma vez na vida ajuda bastante.

Em geral, o setor de frente de caixa é formado por terminais de computadores ligados a um ainda maior, com grande capacidade de armazenamento de dados. Cada terminal é formado por um *hardware* (conjunto de componentes físicos ou de seus periféricos) e um *software* (produto que oferece um conjunto de programas e dados para uso em computador).

O software tem a função de controlar todas as operações de compra e, além disso, prover funcionalidades para o controle operacional da loja. Pode fornecer também uma série de recursos. Veja alguns deles:

- Atualização dos preços dos produtos, possibilitando as “ofertas-relâmpago”.
- Aplicação de descontos personalizados no valor da compra ou para determinados produtos.
- Planejamento de pagamentos personalizados (cheques pré-datados na data escolhida pelo cliente).

- Imposição de limites de crédito pré-aprovado ou personalizado para compras com pagamento parcelado.
- Sorteio de brindes no momento do pagamento, na data de aniversário do cliente etc.
- Controle de "milhagem" para premiações, como os utilizados na rede Pão de Açúcar, por exemplo.

Terminais de caixa

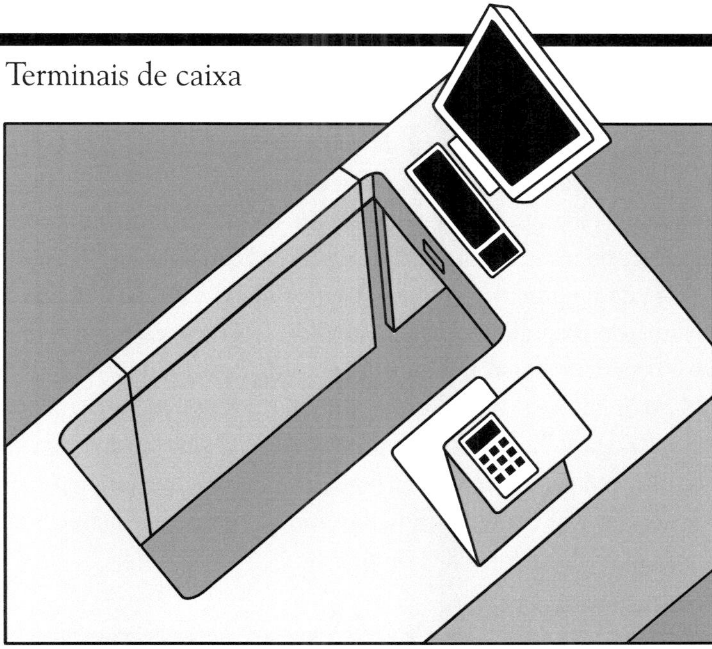

A configuração básica de um terminal de caixa é a seguinte: impressora fiscal, teclado, display *para o operador,* display *para o cliente (monitor de vídeo) e gaveteiro, onde fica armazenado o dinheiro. O equipamento pode possuir também diversos modelos de leitoras ópticas, balanças eletrônicas para pesar legumes e frutas, leitoras de cartão de crédito e PIN (um dispositivo para a entrada de senha quando a compra é feita com cartão).*

Empacotador

Uma das principais portas de entrada para a carreira em supermercado é esta. Algumas empresas mantêm programas sociais para a admissão de empacotadores. Os programas de seleção priorizam jovens carentes da comunidade em que estão localizadas as lojas e levam em conta fatores como escolaridade ou interesse de obter o primeiro emprego.

A preocupação com projetos sociais fazia parte da filosofia do Grupo Sendas muito antes de a política de recursos humanos ganhar espaço entre as empresas no Brasil. A empresa manteve por mais de 30 anos o Projeto Marrequinho, que oferecia uma série de benefícios aos meninos com idade entre 14 e 17 anos que trabalhavam como auxiliares dos caixas nas lojas.

Além da remuneração, com carteira assinada, os cerca de mil jovens participantes do programa recebiam auxílio-escola e assistência médica, além de outros benefícios como alimentação gratuita no local de trabalho. Simpáticos, os Marrequinhos se transformaram numa das marcas registradas das Casas Sendas e no orgulho de todos os funcionários. O sucesso do programa também foi resultado do apoio de fornecedores da empresa, que faziam sua publicidade nos macacões dos marrequinhos, deixando-os com uma aparência semelhante aos macacões dos pilotos de Fórmula 1.

O marrequinho que virou gerente

DESTAQUE | PERFIL

Depois de 27 anos trabalhando nas Casas Sendas, seu primeiro e único emprego, Oswaldo Emidio dos Reis foi promovido a gerente de organização e controle de mão de obra da empresa. Começou aos 16 anos como integrante do Projeto Marrequinho, sua porta de entrada na rede. Fazia pacotes, levava as mercadorias até os carros dos clientes e checava preços.

Sua dedicação logo chamou a atenção de seus superiores. Observador, aprendeu muito sobre o varejo ao passar por várias áreas da empresa. Além do setor de frente de caixa, trabalhou no administrativo, na segurança patrimonial até chegar à gerência comercial.

Graças ao primeiro auxílio educacional oferecido pelo Projeto Marrequinho, não parou mais de estudar. Concluiu vários cursos de especialização e hoje é formado em três cursos de nível superior.

Principais tarefas

A principal função do empacotador, também chamado de auxiliar de caixa, é acondicionar corretamente as compras do cliente. Muitas vezes também acompanha o cliente até o estacionamento conduzindo as compras, ou mesmo à sua residência, conforme a política particular de cada empresa.

O primeiro passo para desempenhar essa função é conhecer as técnicas de empacotamento das mercadorias vendidas na loja, que são as mais diversas: cereais, enlatados, bebidas, pães, frios, congelados, verduras etc. E também mercadorias tóxicas, como materiais de limpeza, desinfetantes, inseticidas etc., que não devem ser misturadas a alimentos. Leia o boxe com as técnicas de empacotamento.

Técnicas de empacotamento

- *Não misturar alimentos com outros produtos, especialmente aqueles que podem fazer mal à saúde, como inseticidas, alvejantes, detergentes, sabões.*
- *Embalar os produtos corretamente, para que nada quebre e os produtos não se esparramem no carro ou no transporte público.*
- *Arrumar as mercadorias nas sacolas ordenadamente: as mais pesadas embaixo, e só depois as mais leves e delicadas, como lâmpadas, hortifrutigranjeiros (hortifrútis), pães etc.*
- *Não misturar congelados e produtos que precisem de refrigeração com mercadorias secas. As sacolas podem até receber uma amarração nas pontas das alças se o cliente não se importar. Em casos de entrega em domicílio, muitos supermercados contam com bolsas térmicas.*
- *Não encher demais as sacolas, nem acondicionar produtos muito pesados, para que elas não se rompam no transporte.*
- *Ao acomodar as sacolas no porta-malas de um carro, fazer de modo que cada uma delas ajude a segurar a outra, apoiando-se mutuamente.*
- *Sem violar nenhuma das regras anteriores, racionalizar o uso das embalagens para evitar desperdício. Não deixar espaços vazios nas sacolas de plástico já resulta em boa economia.*
- *Cuidar das sacolas com garrafas e outros recipientes redondos, que tendem a rolar no chão do porta-malas – o que provocaria quebras e desperdícios.*

Além de embalar mercadorias, outra atribuição importante do empacotador é a manutenção da limpeza do setor de frente de caixa. Vale lembrar que, muitas vezes, a melhor maneira de manter a limpeza é simplesmente não sujando o ambiente de trabalho! Tíquetes de compras, restos de sacolas, etiquetas de preços e embalagens vazias devem ter a destinação certa, ou seja, a lata de lixo.

Também é atribuição do empacotador recolocar os carrinhos e cestinhas de compras em seu lugar e, sempre que possível, aproveitar para recolher restos de verduras, papéis etc. que estejam ali dentro. E as tarefas não param por aí.

Para a solução de problemas como produtos sem preço ou dificuldade na leitura do código de barras e na digitação desse código no terminal de caixa, o empacotador é sempre solicitado. Precisa ir até a área de vendas, "a jato", identificar o preço do produto. Em alguns hipermercados, há até uma equipe de patinadores realizando essa tarefa.

Em dias de pouco movimento, a chefia pode solicitar a colaboração do empacotador para outras funções: descarga de caminhões, suprimento de gôndolas e balcões, marcação de preços, arrumação do depósito, limpeza do estacionamento etc. A propósito, essa é uma ótima oportunidade para mostrar o espírito de colaboração e aproveitar para aprender coisas novas.

Como se vê, os auxiliares são mesmo muito solicitados num supermercado. Talvez por isso ganhem promoção mais rapidamente do que em qualquer outro cargo. O ganho de gorjetas é outro ponto positivo, que aumenta significativamente a renda do profissional. Tanto que levou algumas empresas a criar políticas específicas nesse quesito, procurando evitar que os empacotadores só se preocupem com o recebimento de gorjetas e acabem abandonando suas demais tarefas.

DESTAQUE | PERFIL

Muito entusiasmo no início da vida profissional

Luiz Roberto Balthazar, 27 anos, repositor de uma loja da Rede Sé, em São Paulo, lembra dos tempos em que entrou na empresa como empacotador. "Eu tinha 16 anos. Foi o meu primeiro emprego fixo. Apesar de muita gente achar que era só um bico, eu levei a sério. Queria crescer na empresa e sabia que aquela poderia ser a porta de entrada. Me destaquei porque sempre fui sério e não tinha preguiça. Fui ganhando a amizade dos clientes. Com o tempo, isso chamou a atenção do meu gerente, que me promoveu a repositor."

• • •

Carlos Eduardo Souza, 20 anos, do Supermercado Principal, em Ubatuba (SP), também vê na função uma possibilidade de crescer na carreira dentro do supermercado. Para se destacar, diz que procura ser criativo e econômico com as embalagens. "Eu procuro não desperdiçar as sacolas plásticas. E, quando o movimento não está muito intenso, faço uma embalagem com alça para as caixas de cerveja. Fica mais fácil de carregar. Faço isso para ajudar os clientes. Eles gostam."

Recepcionista

Muitos supermercados possuem, logo em sua entrada, um pequeno balcão utilizado para guardar as sacolas e os volumes carregados pelos consumidores. Na maioria das vezes, essa função é exercida por jovens com o mesmo perfil dos empacotadores.

Mercados de pequeno porte, localizados em bairros populares ou com alto índice de roubos costumam adotar o sistema de senhas para guardar as sacolas dos clientes. Ao entrar na loja, o cliente deixa seus pertences com o recepcionista, que lhe fornece o número do armarinho onde as coisas ficarão guardadas.

Lojas maiores, como as do Carrefour e do Wal-Mart, por exemplo, preferem permitir a entrada de clientes com bolsas e sacolas, tomando o cuidado, às vezes, de acondicioná-las em sacolas plásticas transparentes fechadas com lacre plástico.

Assim como ocorre com os empacotadores, os profissionais da recepção costumam ser requisitados para executar outras tarefas relacionadas ao dia a dia no setor. Esporadicamente, acabam sendo convocados para cuidar da limpeza e manutenção do ambiente de trabalho ou para ajudar os caixas e os fiscais sempre que necessário.

Tesoureiro

Como já foi comentado no início do detalhamento da área de frente de caixa e tesouraria, enquanto a primeira é composta por uma equipe numerosa e mantém contato direto com o público, o time da tesouraria é um pequeno grupo de funcionários que tem uma função de grande responsabilidade.

Normalmente composta pelo encarregado do setor auxiliado por alguns tesoureiros, a tesouraria recolhe todo o movimento realizado na loja, confere o movimento caixa por caixa, operador por operador, e providencia seu depósito no banco determinado – ou o entrega ao carro-forte contratado pela empresa.

Além disso, a tesouraria controla as reservas de troco da loja, efetua pagamento de pequenas despesas que não são pagas pelo escritório central da empresa e, sendo o caso, providencia, junto com o setor de recursos humanos, o pagamento dos funcionários.

É um trabalho um tanto sacrificado, realizado numa sala fechada e com vários controles de segurança. Os tesoureiros têm pouco contato com os demais colegas da loja e praticamente nenhum contato com o público. Os selecionados para essa função em geral saem do grupo de operadores e fiscais de caixa. Suas principais qualidades devem ser capacidade de concentração no trabalho, disciplina e precisão nos cálculos e controles, mas antes de tudo precisam ser de absoluta confiança da gerência da loja.

Setor de mercearia e bazar

Quando o conceito do autosserviço surgiu nos Estados Unidos, em meio à Grande Depressão dos anos 1930, conforme já foi comentado no início deste livro, as primeiras lojas, instaladas nos antigos galpões industriais, só possuíam como equipamento de exposição prateleiras bastante simples e trabalhavam basicamente com produtos alimentícios e bens de primeira necessidade não perecíveis.

O setor de mercearia e bazar é composto por essas mercadorias não perecíveis. Esses produtos são os que melhor se adaptam ao sistema de autosserviço, uma vez que não necessitam de equipamentos especiais para sua conservação, como câmaras e balcões de refrigeração.

O prazo de validade mais longo e o manuseio mais simples facilitam o trabalho com os alimentos não perecíveis: ao profissional cabe somente a tarefa de expor os produtos nas gôndolas, pontas de gôndola e *displays* promocionais. Assim, o custo operacional do setor fica mais baixo e, em função disso, a margem aplicada sobre os produtos, principalmente da mercearia, é bem reduzida.

A estrutura organizacional desse setor varia conforme o porte da loja, a quantidade de itens comercializados e o volume de vendas. Nas lojas menores, há quase sempre apenas duas seções, mercearia (produtos alimentícios, higiene e limpeza) e bazar (não alimentos), cujos encarregados se reportam diretamente ao gerente da loja.

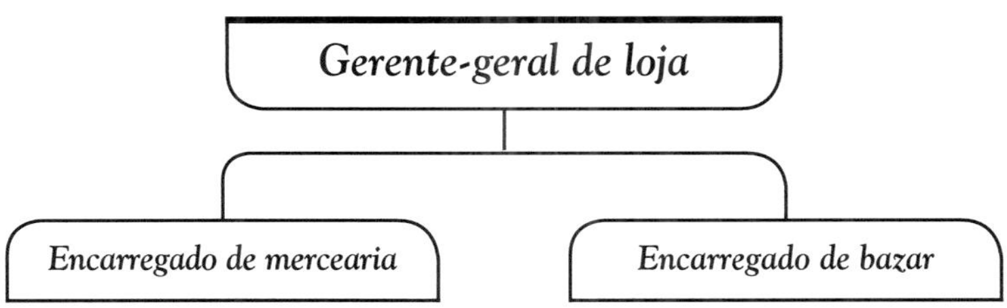

Nos supermercados de maior porte, é comum que a mercearia seja dividida em duas ou três seções, mas os produtos não alimentícios permanecem no setor de bazar. Nessas lojas, a divisão mais comum da mercearia é a seguinte:

- Mercearia seca (produtos alimentícios não perecíveis).
- Bebidas (águas, refrigerantes, sucos, cervejas, vinhos e bebidas destiladas).
- Higiene e limpeza (produtos de perfumaria, higiene pessoal e artigos de limpeza doméstica).

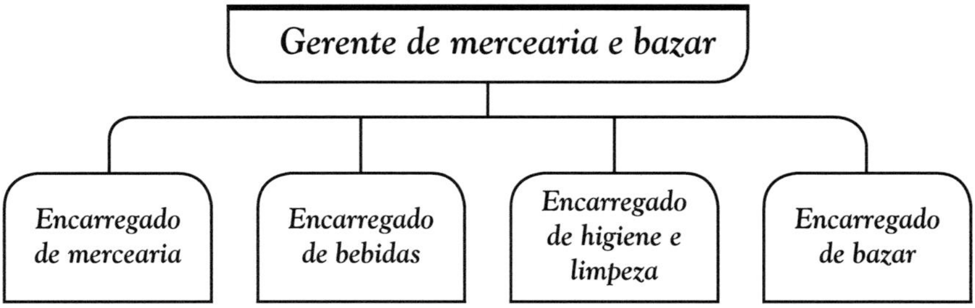

Nos hipermercados, com seu expressivo aumento de área de não alimentos, há uma posição de gerência para esse setor e a área é subdividida em várias seções. Um exemplo da segmentação de seções utilizada nos hipermercados pode ser o seguinte:

- Utilidades domésticas (artigos de cerâmica, louça, vidro, alumínio, plásticos).
- Vestuário e têxteis (roupas, calçados, cama e mesa).
- Eletroeletrônicos (eletroportáteis, eletrodomésticos, eletrônicos, CDs).
- Lar e lazer (papelaria, artigos de festa, material elétrico, jardinagem, ferramentas, camping, produtos automotivos).

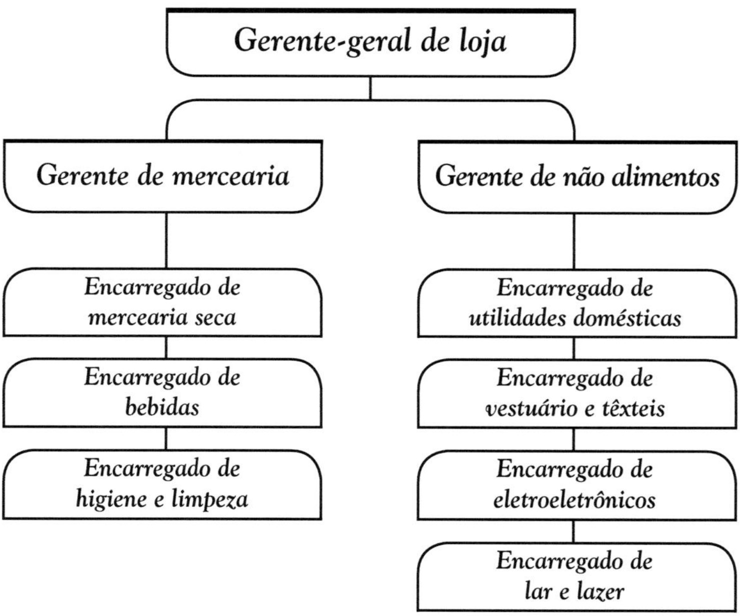

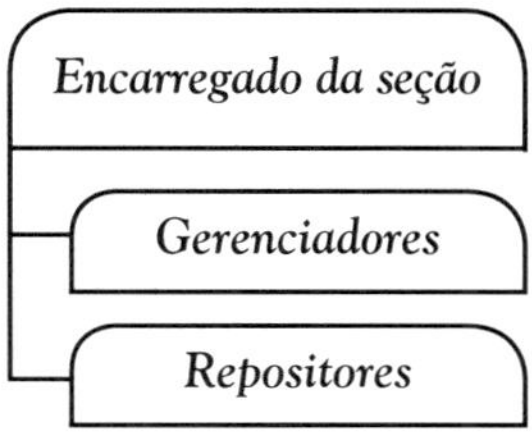

Como o trabalho é semelhante nas seções de mercearia seca, bebidas, higiene/limpeza e bazar, é comum que o profissional seja transferido sucessivamente de uma seção para outra, de acordo com seu desempenho e a necessidade da loja. Isso faz com que ele adquira uma rica experiência de trabalho.

É bom frisar que, além dos gerenciadores e repositores, trabalha também nessas seções uma grande quantidade de funcionários das empresas fornecedoras das mercadorias; são os chamados promotores de venda. Esses funcionários ficam lado a lado com o pessoal da loja, cada um cuidando exclusivamente das mercadorias do fornecedor que o contratou.

A coordenação do trabalho é complexa, porque a loja comporta a equipe de funcionários da empresa e um grupo de profissionais dos fornecedores. Normalmente, os supermercados estabelecem regras para o trabalho dos promotores de vendas, criando limites para sua ação.

O encarregado da seção, baseado nessas regras e com o apoio dos gerenciadores, procura organizar da melhor forma possível o trabalho, sempre considerando que, paralelamente à responsabilidade de cada funcionário, o objetivo principal é o supermercado estar sempre bem-abastecido, arrumado e pronto para atender o cliente.

Vejamos essas funções mais de perto.

Gerenciador

O gerenciador cuida de um ou mais grupos de mercadorias ou, no caso da mercearia, de um ou mais corredores. Trabalham sob sua coordenação repositores e promotores de venda dos fornecedores, como já vimos.

O gerenciador deve zelar para que a área de vendas sob sua responsabilidade esteja permanentemente arrumada, abastecida e atrativa para a clientela, seguindo o *layout* e um padrão de exposição de produtos predefinido, o chamado planograma da loja.

Além da supervisão de seu grupo de trabalho, a principal tarefa do gerenciador é acompanhar o estoque de produtos, o ritmo das vendas e os pedidos de reposição. Ele deve ter controle total da movimentação de mercadorias para que não haja excesso de estoque, gerado por pedidos de reposição exagerados, e, o mais importante, para que não faltem produtos.

Na maior parte dos supermercados, o gerenciador, com base no estoque disponível e na projeção de vendas, deve encaminhar ao encarregado da seção uma sugestão das quantidades dos pedidos de reposição. Como se vê, é um cargo de grande responsabilidade.

Repositor

A função principal do repositor é manter as gôndolas, *displays* e demais equipamentos de exposição abastecidos de produtos, arrumados, com os cartazetes de preços corretamente fixados e, sendo o caso, com as mercadorias etiquetadas.

Logicamente, num primeiro momento, ninguém pode esperar que um recém-chegado à função de repositor saiba tudo sobre o assunto. A primeira preocupação das empresas é dar treinamento para capacitar o profissional. Em alguns casos, os próprios fornecedores dispõem de vídeos e apostilas para isso.

O repositor recém-contratado em geral é escalado para trabalhar sob a supervisão de um gerenciador experiente, que será responsável por acompanhar seu treinamento, tirar suas dúvidas e facilitar seu aprendizado.

O profissional que trabalha na área de vendas de um supermercado precisa saber quais são os produtos mais vendidos da loja, quais os cuidados no seu recebimento, armazenagem e exposição. Além disso, deve ficar atento às datas de validade de cada produto. Ao separar as mercadorias para o abastecimento das gôndolas, cuidar para colocar o produto de fabricação mais recente atrás do produto antigo, de forma que este seja vendido primeiro. Tal técnica de exposição é conhecida como FIFO ou PEPS (ver quadro da p98).

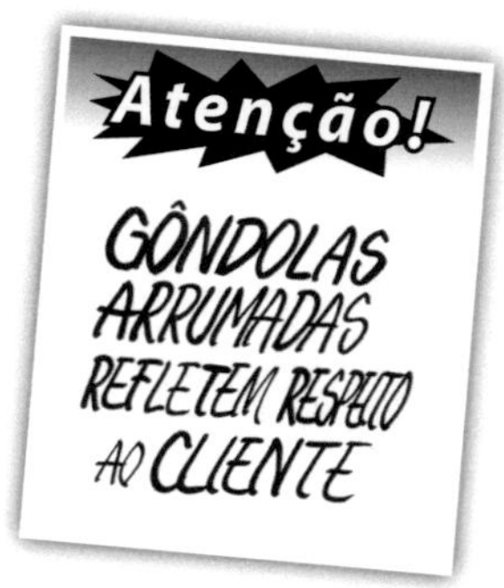

No que se refere ao recebimento de mercadorias, é importante lembrar que as embalagens não podem ser recebidas com adulteração, rasgadas ou amassadas. Qualquer sinal de dano ao produto tem de ser registrado no ato do recebimento e ali mesmo devolvido a quem está fazendo a entrega, mediante documentação adequada.

O que se espera é que os repositores assumam responsabilidades sobre a qualidade dos produtos, cuidando para que sua validade esteja em dia e que sua aparência corresponda a uma mercadoria em perfeitas condições de venda.

O repositor está sempre buscando as mercadorias nas áreas de depósito da loja e levando-as para a área de vendas. Mesmo que a área de depósito tenha um responsável, os repositores devem cuidar para manter o estoque interno da loja organizado, facilitando assim a localização das mercadorias.

Promotor de vendas

Os fornecedores são responsáveis não apenas pela venda de seus produtos, mas também por manter um verdadeiro batalhão de promotores nos pontos de vendas. Em geral, são rapazes e moças que apresentam aos consumidores os principais lançamentos da indústria.

Os promotores de venda fazem uma verdadeira ação de *merchandising*, ou seja, um esforço de vendas para tornar o produto conhecido e mais atraente ao consumidor. Vestidos com roupas chamativas estampadas com o logotipo da empresa ou da marca, eles distribuem amostras, falam dos produtos e até promovem degustações, quando se trata de produto alimentício. São pagos pelas indústrias, mas têm regras a cumprir dentro da loja, regras essas firmadas pelos supermercados. Ou seja, os promotores obedecem ao horário e às normas de conduta da empresa onde estão executando seu trabalho.

Além de promover as vendas, as indústrias são responsáveis ainda por auxiliar os mercados a manter a ordem, a apresentação e os estoques nas prateleiras onde os produtos de sua marca estão expostos. Os promotores de venda chegam em muitos casos a ser os principais responsáveis pela reposição e exposição nas grandes redes. Trabalham lado a lado com os empregados do supermercado (os gerenciadores e repositores) e não raramente mudam de lado. Quer dizer, muitos promotores das indústrias acabam trabalhando nos supermercados e ex-funcionários de supermercados são contratados pelos grandes fornecedores.

Bazar: boa margem de lucro, giro reduzido, estoque delicado

No bazar e nas demais seções de não alimentos é imprescindível que o profissional conheça bem as mercadorias com as quais lida no dia a dia. Independentemente da área, o importante é o operador estar familiarizado com aquilo que está sendo vendido. Trabalhar em seções como eletrodomésticos, TV ou som, por exemplo, requer um mínimo de conhecimento dos produtos e capacidade para tirar dúvidas básicas dos clientes. É importante também procurar mais informações sobre o assunto. Por isso, vale ser observador e estar atento aos treinamentos oferecidos pela loja ou pelos próprios fabricantes.

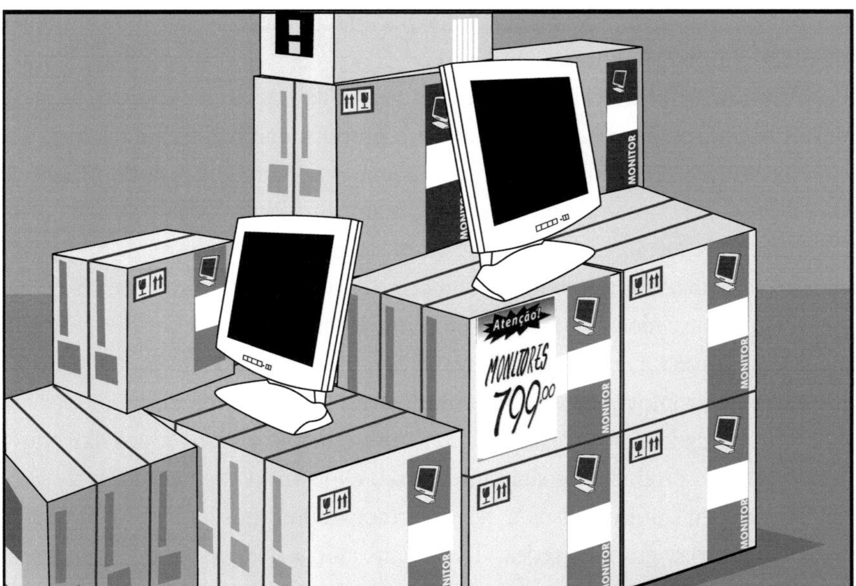

O bazar é um setor especialmente valorizado pelos supermercados devido à sua grande margem de lucro. Essa margem é mais elevada por se tratar de mercadorias cuja frequência de compra por parte dos clientes é inferior à da mercearia, fazendo com que a proporção entre o estoque da loja e o volume de vendas seja alta.

A definição da linha de mercadorias – com revisões constantes –, o controle do estoque, o cuidado na elaboração dos pedidos de compra de novos itens, de produtos sazonais e de reposição periódica, bem como o acompanhamento da venda item a item, tornam-se críticos para a obtenção de bons resultados nas vendas.

Além disso, diversos itens de bazar precisam de equipamentos especiais para a exposição, devido à dimensão ou à fragilidade. Entre esses artigos estão artefatos de cozinha, papelaria, artigos de festa (velas, copos e pratinhos), brinquedos, material elétrico e artigos de cama, mesa e banho.

Quanto maior a loja, maior a linha de bazar e de outras seções de não alimentos. Os hipermercados costumam apresentar uma grande variedade de produtos, que ocupam parte substancial da área de vendas da loja. As seções de não alimentos mais comuns são as seguintes:

- **Confecções infantis, masculinas e femininas:** em geral a linha de confecções é formada por mercadoria básica, com preços baixos e sem pretensões de refletir as tendências da moda.

- **Cama, mesa e banho:** esta é uma seção tradicional das grandes lojas e hipermercados. Oferece ampla gama de produtos e preços normalmente inferiores ao das lojas especializadas.

- **Calçados:** da mesma forma que nas confecções, a escolha da linha de produtos favorece produtos básicos e de custo unitário mais baixo.

- **Artigos esportivos:** é uma área em crescimento. Seguindo uma tendência do mercado, os grandes supermercados e hipermercados quase sempre trabalham com uma linha mais reduzida do que as lojas de esporte, favorecendo atividades mais populares como o futebol.

- **Jardinagem:** seção bastante especializada. Algumas lojas apresentam locais especialmente preparados para a comercialização de plantas.

- **Produtos automotivos:** Em grandes lojas é possível encontrar quase tudo relacionado aos cuidados com o carro, de pneus a artigos para limpeza e higienização. Alguns hipermercados mantêm ainda acordo ou convênio com oficinas e autorizadas, oferecendo serviços de manutenção com descontos. Outros chegam a ter pontos desses prestadores de serviço na área do estacionamento da loja.

- **Eletrodomésticos e eletroportáteis:** Segmento em que a concorrência de preços com as lojas especializadas é fortíssima, e os hipermercados se mostram extremamente competitivos.

- **Televisores e aparelhos de som:** Seção em situação semelhante à de eletrodomésticos.

- **Artigos de informática:** A venda de computadores, impressoras e outros artigos de informática nos hipermercados tem crescido bastante.

- **CDs e DVDs:** Os hipermercados e mesmo os supermercados de maior porte são grandes vendedores de CDs, fitas de vídeo e, mais recentemente, DVDs.

Gerenciamento de espaço

Já comentamos anteriormente que a globalização tem contribuído de forma decisiva para o aumento da competitividade em vários setores do mercado nos últimos anos. Um dos segmentos em que a concorrência vem-se fazendo mais acirrada é justamente o dos supermercados, como prova a série de mudanças no setor – fusões, aquisições e o ingresso de grandes empresas estrangeiras no Brasil.

Nesse cenário competitivo, as empresas correm atrás de um diferencial. Nas seções de mercearia e bazar, o gerenciamento de espaço é um dos pontos que pode se tornar esse diferencial. A perfeita exposição e distribuição dos produtos pelas gôndolas torna-se imprescindível para quem busca um volume satisfatório de vendas. Afinal, não é novidade para ninguém: se um consumidor tiver dificuldades de encontrar determinado produto num ponto de venda, ele certamente não hesitará em procurá-lo numa loja concorrente.

Paralelamente, a tarefa de exposição de mercadorias fica cada vez mais complexa, porque milhares de novos itens são colocados anualmente pelos fabricantes no mercado, mas o espaço disponível para acomodar tais lançamentos permanece praticamente o mesmo nas prateleiras.

Apesar de toda a experiência já acumulada pelos profissionais de supermercado, fica cada vez mais difícil e trabalhoso avaliar tais questões e determinar procedimentos corretos sem o auxílio de alguma ferramenta específica para o serviço (ver boxe sobre planograma de gôndolas, p. 97).

Várias redes de supermercados e distribuidores do país vêm adotando o uso de *softwares* de gerenciamento de espaço. Esses programas, desenvolvidos por empresas como a ACNielsen e a Indicator, baseiam-se em dados disponíveis nos estabelecimentos, relativos aos produtos vendidos (informações sobre custos, volume de vendas, de compra, espaço físico etc.), para desenvolver um perfeito trabalho de gerenciamento dos itens nas prateleiras.

A adoção desse tipo de *software* se iniciou nos Estados Unidos, no começo da década de 1990. No Brasil, o primeiro supermercado a utilizar um serviço dessa natureza foi a rede paranaense Mercadorama, que implantou o programa Spaceman, produzido pela ACNielsen, em 1993. Os resultados não demoraram a surgir: em pouco tempo, o volume de vendas da rede varejista aumentou sensivelmente, o que despertou o interesse da concorrência. Desde então, a procura por esse tipo de ferramenta só tem crescido entre as empresas do setor.

Outra opção de *software* para gerenciamento de espaço e sortimento é o Apollo. Desenvolvido pela Indicator, o programa determina o número de frentes e a profundidade que um produto precisa ter na gôndola, ajuda a melhorar o desempenho da loja com base nas informações de vendas, lucratividade e giro, entre outras.

O resultado esperado com a utilização desses sistemas é a maximização dos resultados da loja e o melhor aproveitamento do espaço disponível para as vendas, visando oferecer ao cliente a maior gama possível de produtos, destacando os itens mais importantes e os de maior lucratividade para a empresa.

DESTAQUE | PERFIL

Muito entusiasmo no início da vida profissional

"A alta frequência de lançamentos de novos produtos pelos fabricantes faz com que os supermercados passem a ter necessidade de gerenciar o espaço de exposição do seu mix *de produtos", diz* Gerson *Passos Camargo, consultor de varejo, explicando que o repositor, que antes se limitava a levar as mercadorias do depósito para as prateleiras da loja, hoje precisa ter conhecimentos sobre gerenciamento de produtos e de categorias para garantir que os produtos sejam vistos pelos consumidores em espaços adequados e em quantidades que atendam o fluxo dos consumidores na loja.*

O planejamento do espaço ocupado pelos produtos é o que chamamos de planograma de gôndolas. Algumas empresas de supermercado de maior porte utilizam os recursos da informática para executar essa tarefa, dividindo o espaço de acordo com a rotatividade de cada produto e a sua participação de mercado (market share)*.*

É possível também desenvolver planogramas sem o uso de softwares, *ainda que os mesmos sejam mais limitados em informação e muito mais trabalhosos.*

Na página seguinte apresentamos um exemplo de planograma. A exposição escolhida foi a vertical da categoria, ou seja, marca sobre marca. A partir de um relatório de vendas por produto, que pode ser gerado por qualquer loja que esteja equipada com registradoras com código de barras, é avaliada a demanda unitária de cada item (coluna 4). De posse dessa informação, o repositor precisa conhecer a metragem linear das prateleiras, medir a altura e largura dos produtos (colunas 2 e 3) e de todas as categorias que participam da seção. Só assim poderá proceder a divisão adequada de cada uma das categorias, definindo o número de frentes necessário, a profundidade e o lastro (colunas 5, 6 e 7). Depois, basta determinar a quantidade exposta (coluna 8) para atender a demanda de compras dos consumidores.

Para evitar problemas de estoque e manter a prateleira abastecida e com uma apresentação agradável aos olhos do cliente, cada produto tem um ponto de ressuprimento (coluna 9).

O repositor deve acompanhar o ponto de ressuprimento e compará-lo com o estoque; essa informação é importante para o setor de compras, que providenciará a reposição da mercadoria para o estoque da loja.

Apesar de o uso do planograma parecer complicado, vale lembrar que o trabalho de medição e divisão dos espaços é feito uma única vez. Em função da constante introdução de novos produtos e marcas, a loja deve avaliar a performance dos produtos em linha. Um produto só merece estar exposto se suas vendas rentabilizam ou pagam pelo espaço ocupado. Caso contrário, pode ser cortado, dando lugar a outro que possa rentabilizar mais a seção.

O planograma de gôndola deve ser adotado quando se pretende, de fato, gerenciar e mensurar o comportamento das vendas dos produtos. Não vale a pena tê-lo como mero formulário para as anotações do repositor.

Planograma de gôndola

Verticalização da categoria (A, B,C, D, E, F)

DADOS

Categoria: ervilhas
Seção: vegetais em conserva
Metragem linear da gôndola: 60 m
Espaço ocupado por esta categoria: 2,25 m

Número das colunas			1	2	3	4	5	6	7	8	9	
ALTURA DO PRODUTO EM RELAÇÃO AO PISO (cm)	NÚMERO DA PRATELEIRA		EMBALAGEM (unid.)	LARGURA DO PRODUTO (cm)	ALTURA DO PRODUTO (cm)	DEMANDA conforme a saída do caixa (unid.)	FRENTE DO PRODUTO (unid.)	PROFUNDIDADE (unid.)	LASTRO (unid.)	CAPACIDADE DE EXPOSIÇÃO = 5 X 6 X 7	PONTO DE REABASTECIMENTO (unid.)	ESPAÇO OCUPADO NA PRATELEIRA = 3 x 5
157	1	produto A lata 200 g	24	7,5	8,5	54	6	4	3	**72**	18	45
125	2	produto B lata 200 g	24	7,5	8,5	50	6	4	3	**72**	22	45
93	3	produto C lata 200 g	24	7,5	8,5	14	6	4	3	**72**	58	45
58	4	produto D lata 200 g	24	7,5	8,5	16	6	4	3	**72**	56	45
0	5	produto E lata 200 g	24	7,5	8,5	46	6	4	3	**72**	26	45
											Espaço total ocupado por esta categoria (m)	2,25

Atenção!

A EXPOSIÇÃO DEVE FACILITAR AS COMPRAS

Principais técnicas de exposição

- **Ponto natural:** *local permanente nas gôndolas e balcões frigoríficos onde são colocados os produtos.*
- **Ponto promocional:** *ponto extra onde os produtos permanecem somente durante uma campanha de vendas.*
- **Arrumação vertical:** *possibilita a colocação das várias marcas similares num espaço proporcional à sua rotatividade. Isso facilita a compra por impulso e o visual das prateleiras fica mais atraente. A verticalização pode ter como referência o produto alimentício ou a marca do produto.*
- **Verticalização da categoria do produto:** *recomendada para lojas de pequeno e médio porte. Tem a vantagem de organizar as marcas de um produto uma sobre a outra, proporcionando ao cliente uma melhor visualização da variedade de marcas oferecidas pela loja, auxiliando-o na comparação de preços. Com a verticalização da categoria, a loja poderá posicionar o produto de maior giro na prateleira mais baixa ou mais alta e dar destaque à prateleira que fica na altura dos olhos do cliente, onde o acesso é mais fácil. Em geral, nas prateleiras à altura dos olhos são colocados os produtos que dão mais margem de lucro.*
- **Verticalização da marca:** *vantajosa para lojas de grande porte e hipermercados que trabalham com grande investimento de estoque. Diante da amplitude da área de vendas, os produtos precisam ser expostos em grandes quantidades, sob o risco de desaparecerem no meio de milhares de itens.*
- **Horizontalização da marca:** *esta técnica quase não é mais utilizada, pois dificulta o gerenciamento de espaço, especialmente em supermercados de médio e grande porte. Além disso, a horizontalização dá muito trabalho ao cliente, que precisa se deslocar do começo ao fim da gôndola para efetuar as comparações de preços e marcas. Imagine escolher e identificar o item sabonete num grande supermercado em que os cestos ficam localizados na última prateleira, ao rés do chão, considerando 10 m lineares de gôndola e 15 marcas e fragrâncias diferentes!*
- **FIFO ou PEPS:** first in, first out *(FIFO) é a técnica de expor na frente da gôndola o produto de fabricação mais antiga e atrás o de fabricação mais recente. É também conhecida como rodízio e pela sigla PEPS (primeiro que entra, primeiro que sai). A área de estocagem também usa essa técnica.*
- **Giro dos produtos:** *se uma determinada marca representa 50% da venda de uma categoria, não tem sentido dar apenas 20% da frente total para ela: ou faltarão produtos nos horários de pico, ou terão de ser feitas muitas viagens de reposição. Ao mesmo tempo, marcas que vendem menos ficarão com seus estoques parados se ocuparem maior espaço nas prateleiras. É recomendável sugerir mudanças na definição do número de frentes de cada produto quando o giro não corresponde à quantidade exposta na prateleira.*

Datas promocionais

Tem sido comum ouvir dos especialistas previsões desalentadoras sobre as vendas no comércio. Uma hora é a alta do dólar que encarece produtos importados, outra é a ameaça da inflação ou a elevação dos custos na indústria. Mas uma coisa é certa: as datas promocionais são sempre uma ótima oportunidade para alavancar as vendas.

De acordo com a Abras, as três principais datas promocionais para o setor são o Natal, o Dia das Mães e a Páscoa. Por mais difícil que esteja a situação econômica do país, poucos deixam de adquirir os produtos específicos dessas datas, sejam alimentos, bebidas ou pequenas lembranças. O desafio para o supermercadista está em saber oferecê-los ao consumidor. Para isso, pode incrementar a decoração da loja, a montagem de ilhas promocionais, a exposição de produtos afins e as promoções especiais para o período, contando, é claro, com as parcerias com fornecedores. É nas datas promocionais que uma administração eficiente aumenta as vendas e assegura a lucratividade da loja.

No Natal e na Páscoa, por exemplo, a tendência tem sido o consumidor distribuir "lembrancinhas" para parentes e amigos. Por essa razão, os supermercados vêm investindo na oferta de produtos que possam ser oferecidos como presentes.

O Natal é, sem dúvida, o principal evento promocional do comércio. As vendas crescem estimuladas pelo clima de boa vontade e otimismo que cerca todo o período e pelo aumento do poder aquisitivo graças ao 13º salário e às gratificações de final de ano; sem contar o aumento de horas extras e da oferta de empregos temporários na indústria e no próprio comércio.

O chamado "período de festas" exige grande preparação do varejo. A área comercial precisa planejar suas compras com bastante antecedência, sob pena de não ter disponíveis os principais produtos sazonais. A importância da decoração da loja também é inquestionável, uma vez que o supermercado tem de envolver o cliente com o clima do Natal. Já na segunda quinzena de novembro as lojas devem estar preparadas. A partir do recebimento da primeira parcela do 13º, no final de novembro, começa a se perceber uma tendência de crescimento nas vendas, que vai se acentuando até atingir seu pico nas vésperas do Natal.

A área de operações tem de ser reforçada, o quadro de pessoal deve estar completo, treinado e motivado, o volume de horas-extras cresce, e a maioria das lojas contrata pessoal temporário. A importância do trabalho em equipe é enorme, porque as tarefas aumentam e as condições de trabalho ficam mais difíceis, em função do maior volume de mercadorias, da grande quantidade de displays e exposições promocionais, do maior fluxo de clientes e da necessidade de maior frequência na reposição dos produtos. A loja tem de estar sempre limpa, arrumada e alegre, da abertura ao fechamento.

Ao contrário do que se pode supor, o aumento de vendas no período de festas é bem generalizado dentro da loja, favorecendo todas as linhas de produtos. Além dos itens sazonais, que praticamente só aparecem nessa época do ano (panetone, peru, pernil, tender, castanha portuguesa, nozes, avelãs, amêndoas, passas, champanhes e cidras, só para citar os principais), todos os produtos vendem bem. As bebidas são especialmente procuradas, e o supermercado precisa ter boas ofertas e exposição maciça de refrigerantes, cervejas, vinhos e bebidas destiladas, como vodca, uísque e a nossa cachaça.

Nas festas de fim de ano, há maior procura por todos os tipos de carne, em especial aves (peru, chester, frango e partes de frango) e suínos (pernil e lombo). O movimento é maior não só no açougue, mas também na seção de hortifrúti, principalmente por causa das frutas. No caso, a área é favorecida pela variedade e qualidade das frutas nesse período mais quente do ano.

A mercearia, de uma forma geral, também cresce, com destaque para azeites, pães, biscoitos, balas e bombons, salgadinhos e tira-gostos, além de produtos de perfumaria. Na seção de frios e laticínios, há um aumento no consumo de frios fatiados, queijos, salames, entre outros. O crescimento de vendas acontece também em outras seções, como peixaria, padaria e rotisseria.

Mas não é só o Natal que agita as vendas de dezembro. O Réveillon é outro evento promocional importantíssimo, que estimula fortemente as vendas de bebidas, carnes, frutas, frios e laticínios. Por essas e outras se diz que dezembro é o mês em que os supermercados e o varejo de uma forma geral "fazem" o lucro do ano, coroando um trabalho duro realizado ao longo de 12 meses. Cada período de final de ano é uma experiência diferente e estimulante. Os profissionais da área vibram e procuram acumular conhecimento para aplicar nos anos seguintes.

O Dia das Mães é o segundo Natal do varejo. O mês de maio perde apenas para dezembro em termos de faturamento. "As vendas de maio crescem, em média, 10% em relação ao mês anterior", confirma Emílio Alfieri, economista da Associação Comercial do Estado de São Paulo. Nos dois primeiros anos do Plano Real, em função da procura reprimida, os televisores, videocassetes e eletrodomésticos encabeçaram a lista de presentes para as mães. Recentemente, seguindo a tendência do consumo, o presente do Dia das Mães tem ficado mesmo por conta de produtos de menor valor: roupas, calçados, perfumes, cosméticos e utilidades para o lar. Para os supermercados, porém, além de presentes, o Dia das Mães também representa um estímulo para as vendas de diversos produtos que reforçam a mesa no tradicional almoço do segundo domingo de maio.

Na Páscoa, a expectativa de expansão do consumo está concentrada em carnes, aves, frutas e bebidas; no bacalhau, prato tradicional tanto do almoço do Domingo de Páscoa como da Sexta-Feira Santa; e, sem dúvida, nos ovos de Páscoa. No caso dos ovos de chocolate, tem havido uma tendência para a concentração das vendas nos itens de menor peso. Também não deve ser esquecido um reforço na promoção de brinquedos, principalmente aqueles de pequeno valor unitário.

Além dessas três datas, há várias outras oportunidades promocionais que podem ser aproveitadas pelos supermercados. Apenas como ilustração, podemos citar o verão. Para as lojas situadas em praias com grande número de visitantes, o verão é decisivo. O faturamento chega a dobrar em relação à média dos demais meses do ano. Mesmo para lojas fora dos pontos de veraneio, esse período traz oportunidades para aquecer as vendas de itens como bebidas, produtos *diet/light*, sorvetes, hortifrútis, protetores solares, bronzeadores, cremes hidratantes, roupas leves próprias para o calor e até ventiladores e circuladores de ar.

Vejamos algumas ações comuns aos supermercados na época de verão:

- Apostar na exposição de produtos ligados ao verão, como biquínis e maiôs, bronzeadores e protetores solares, cremes hidratantes; água mineral, sucos concentrados e adoçantes; salgadinhos e aperitivos; verduras, legumes em conserva, maionese, temperos e molhos para salada.
- Agrupar itens de verão em uma ilha situada em local de grande movimentação.
- Decorar a loja para criar o clima do verão.
- Reforçar a degustação, principalmente de bebidas, iogurtes, salgadinhos e aperitivos.

Os funcionários das empresas de supermercados devem estar atentos à mudança de rotina nos períodos de datas promocionais. O profissional interessado em aprender sobre varejo logo notará quais são as principais ações adotadas pela loja e pelas empresas fornecedoras, inclusive no que se refere à exposição dos produtos.

Promoções no *ponto de venda*

Com o acirramento da concorrência entre as redes de supermercado e entre os fabricantes, as promoções no ponto de venda ganham cada vez mais importância. Essas ações vêm tomando boa parte dos orçamentos das indústrias que historicamente penderam para as campanhas publicitárias tradicionais, sobretudo as que utilizam os meios de comunicação de massa.

A publicidade tradicional precisa de um reforço de *merchandising*, degustação e uma série de ações que compõem o *marketing* promocional. De acordo com a Ampro (Associação de *Marketing* Promocional), o *merchandising* ajuda

a fortalecer a marca à medida que também divulga o produto colocando-o em evidência na loja.

Nesse sentido, vale lembrar as pesquisas que apontam que a escolha do item a ser comprado se dá, predominantemente, no ponto de venda. É na loja que o produto deve se destacar de seus concorrentes; caso contrário, todo o investimento feito em propaganda perde a força em favor de um produto similar que está melhor apresentado na hora em que o consumidor vai escolher o que comprar.

Dentro da loja, é na mercearia que o *merchandising* mostra-se mais claramente. As prateleiras e os corredores são disputados por indústrias interessadas em expor ou apresentar suas marcas. A Colgate, por exemplo, ficou famosa pela promoção "Sorriso Colgate no Caminhão do Faustão", oferecendo premiações que, em valores, ultrapassavam a marca de R$ 1 milhão. Segundo a assessoria de imprensa da Colgate, para a edição 2002/2003, a empresa previu o recebimento de 10 a 15 milhões de cartas, enviadas por participantes de todo o Brasil. Nas cinco campanhas similares, realizadas anteriormente, foram recebidas 101 milhões de cartas. Durante as promoções, a empresa distribuiu aos lojistas *kits* promocionais contendo cartazes, faixas de gôndola, *broadsides*, raquetes mecânicas de gôndola, móbiles, volantes e cópias do regulamento da promoção.

O varejo supermercadista também é o foco das atenções da Kraft Foods Brasil, fabricante de gelatinas, bebidas em pó e sucos concentrados, entre outros produtos. Para o período de outubro a março, quando ocorre um aumento de até 30% em sua linha de mercadorias, a empresa desenvolveu um suporte promocional agressivo. A Kraft trabalha com uma equipe de 60 distribuidores que mantêm estreito contato com cerca de 120 mil pontos de venda, entre supermercados de até quatro *check-outs*, bares, padarias, lojas de conveniência e farmácias. Chegou a desenvolver a promoção "Show de Prêmios", que visava a fidelização do varejo de menor porte e era vinculada ao desempenho de vendas dos distribuidores junto aos seus clientes.

Para o pequeno varejo, a Kraft desenvolveu materiais de *merchandising* específicos. Um deles era um "rack" multicategorias para pontas de gôndola, onde podiam ser dispostos, em diferentes patamares, refrescos em pó (linhas Tang, KiSuco, QRefresco, Fresh e Clight), gelatinas Royal, sucos concentrados Maguary e fermento em pó Royal. Outra opção era um *display*-embalagem para 30 envelopes de refrescos em pó, indicado para ser disposto sobre balcões de padarias ou de lojas de conveniência. A fim de destacar o fermento em pó, a Kraft criou um *display* móvel com espaço para 14 embalagens pequenas do produto. Aramado, podia ser pendurado nas prateleiras.

Promoção de preços

Geralmente, o processo de tomada de decisão sobre promoções de preços nos supermercados se inicia a partir de uma negociação com os fornecedores, que oferecem grandes quantidades de determinado produto a custos mais baixos.

A partir dessa redução de custos, em geral o varejista também reduz sua margem de lucro, podendo, dessa forma, baixar significativamente o preço de venda ao consumidor final.

Ao escolher os itens para as promoções de preço, os gerentes levam em consideração diversos fatores de produto, tais como:

- ***Marca:** deve ser conhecida e estar na mente dos consumidores.*
- ***Giro:** o produto deve ser de alta rotatividade, como gêneros de primeira linha (arroz, açúcar, refrigerante).*
- ***Sazonalidade:** para cada período do ano se faz uma promoção relacionada à data.*
- ***Concorrência:** geralmente são feitas pesquisas de mercado, a fim de conhecer o preço do concorrente e verificar a verdadeira competitividade do produto.*

Conheça alguns dos termos utilizados no merchandising e na sinalização dos supermercados

- ***Adesivos de chão:*** *uma eficiente arma promocional utilizada principalmente em grandes campanhas.*
- ***Amostra grátis ou* sampling:** *versão do produto em quantidade reduzida, distribuída gratuitamente aos consumidores para motivar a experimentação.*
- **Backlight:** *peça dotada de iluminação interna que apresenta mensagem e/ou imagem.*
- ***Bandeirolas:*** *conjunto de cartazes pendurados em varal para decoração e promoção de produtos.*
- ***Bandeja de degustação:*** *suporte utilizado pelo promotor de vendas do fabricante, que tem como objetivo divulgar um ou mais produtos, oferecendo pequenas porções para degustação dos clientes da loja.*
- **Banner:** *peça publicitária impressa em material rígido ou flexível para fixação na área de venda.*
- ***Biombo:*** *elemento de três ou mais partes que cumpre a função de* display, *isolando e destacando um produto específico.*
- **Blister:** *embalagem de produto plastificada, normalmente em material transparente, utilizada para a exposição de produtos.*
- **Box pallet:** *caixa utilizada para transporte e apresentação de mercadorias de grande volume.*
- **Broadside:** *folheto destinado ao público interno e intermediário (distribuidores e varejistas) que apresenta o produto e sua campanha de comunicação.*
- ***Cartaz de PDV:*** *peça impressa em papel ou outra superfície, apresentando mensagem e/ou imagem, para ser fixada no ponto de venda.*
- ***Cartazete:*** *cartaz menor de diversos formatos, geralmente utilizado no ponto de venda.*
- ***Catálogo:*** *material destinado a ilustrar os produtos/serviços que a empresa disponibiliza aos clientes.*
- ***Cesto ou conteiner:*** *peça normalmente construída em metal para acondicionamento e exposição de produtos no PDV.*
- ***Cupom:*** *peça distribuída aos consumidores, oferecendo vantagens (descontos, sorteios, brindes e outros) na aquisição de determinado produto.*

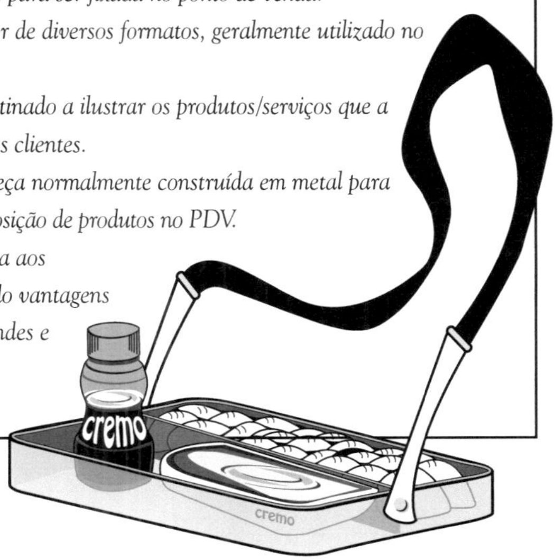

- **Dispenser:** *equipamento que coloca em primeiro plano o produto, por meios mecânicos ou por gravidade, podendo ser adaptado a uma prateleira.*
- **Display:** *qualquer equipamento destinado a promover, apresentar, expor, demonstrar e ajudar a vender o produto ou serviço. Pode ser colocado diretamente no solo, vitrines, balcões e gôndolas.*
- **Facing:** *número de frentes de exposição de um produto na gôndola.*
- ***Faixa de gôndola ou cantoneira:*** *peça produzida em diversos materiais para ser colocada na parte frontal das prateleiras das gôndolas, servindo como delimitador de espaços dos produtos e/ou aparador das embalagens, podendo conter mensagens e/ou imagens.*
- ***Flâmula simples:*** *bandeirola fixada em haste vertical.*
- **Front light:** *peça que apresenta mensagem ou imagem com iluminação externa frontal.*
- ***Gancheira ou* pegboard:** *expositor especial para colocação de produtos em* blister *ou saquinhos.*

- ***Gargaleira:*** *elemento de promoção colocado nas embalagens que têm formato de garrafa. É aquela gravata de papel para gargalo da garrafa.*
- ***Gôndola:*** *prateleiras utilizadas para exposição de produtos no ponto de venda.*
- ***Ilha:*** *exposição de produtos permitindo acesso por todos os lados.*

Setor de perecíveis

Se frente de caixa é o setor que se caracteriza por manter contato mais próximo com o cliente, o setor de perecíveis, por sua vez, exige maior grau de especialização do profissional. Cada uma das seções deste setor (apresentadas no organograma) tem as particularidades que veremos adiante.

Os perecíveis são mercadorias obrigatórias em qualquer supermercado, mesmo numa loja de pequeno ou médio porte. As seções mais comuns são açougue, hortifrúti e frios e laticínios. Além dessas três, lojas maiores, mais modernas e equipadas podem contar com peixaria, padaria e rotisseria.

A venda de mercadorias perecíveis pode representar até 60% do total comercializado por uma loja. Evidentemente, essa participação será menor num hipermercado em função da grande linha de produtos não alimentícios oferecidos.

Além da grande participação na venda total da loja, o setor de perecíveis tem uma importância estratégica para o supermercado por dois motivos:

- **Maior frequência de compras:** em função das próprias características dos perecíveis, que não permitem grandes estoques em casa, a frequência de compra desses itens é maior do que a dos demais produtos. Sendo assim, são os perecíveis que levam o consumidor a visitar mais vezes o supermercado.
- **Maior responsabilidade pela qualidade dos produtos:** enquanto na seção de mercearia, por exemplo, uma mesma marca de leite em pó, refrigerante ou cereal não apresenta variação de qualidade de uma loja para outra, nos perecíveis isso geralmente acontece. Essa variação se dá principalmente nos hortifrútis, nas carnes e nos peixes, dependendo da

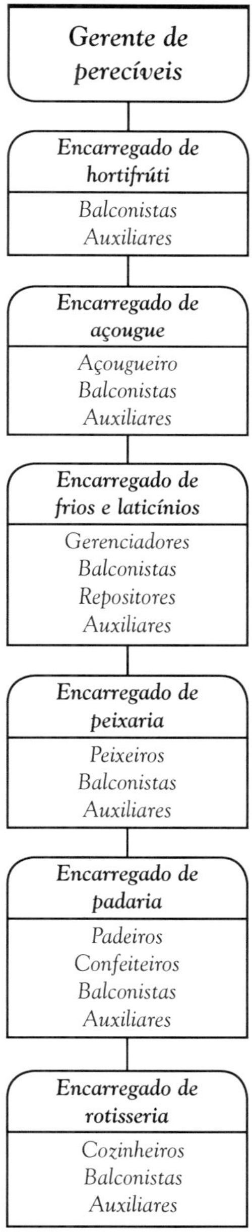

qualidade dos produtos comprados e da maneira como esses alimentos são manuseados no transporte, na armazenagem e na operação na loja. O consumidor identifica como sendo do supermercado a maior parcela de responsabilidade pela qualidade e pela apresentação dos produtos perecíveis. E ele não está errado!

Ora, o raciocínio tem lógica: se os produtos perecíveis são aqueles que mais atraem o consumidor ao supermercado e se eles possibilitam criar um diferencial no mercado em termos de qualidade e apresentação, fica clara a importância que o setor de perecíveis tem no sucesso ou fracasso da loja como um todo. Por isso, ele é um cenário excelente para a empresa implantar uma estratégia de treinamento que possibilite o crescimento do profissional.

O setor de perecíveis traz oportunidades excepcionais de especialização. Cabe ao operador identificar onde pretende atuar e apostar na escolha. Como as empresas já perceberam a necessidade de investir cada vez mais na qualidade de seus serviços, ganha o profissional que conseguir "vender" o seu trabalho da maneira mais competente.

Atenção!

O CONTROLE DE QUALIDADE CABE AO SUPERMERCADO

Na mesma proporção, o setor comporta grandes riscos e perdas, o que exige alto grau de responsabilidade de quem nele trabalha. Se, por exemplo, os produtos perecíveis estiverem fora das condições de consumo e não forem recolhidos da área de vendas, podem chegar à mesa de clientes desatentos e até causar intoxicações alimentares.

Falhas nos equipamentos, mau acondicionamento dos alimentos e vencimento da validade dos produtos causam prejuízos para a empresa. Sem contar que, atualmente, muitos fornecedores têm dificultado a troca de produtos. Assim, o profissional do setor de perecíveis precisa se conscientizar de sua responsabilidade no trabalho.

O setor de perecíveis emprega muitos funcionários e trabalha com muitos equipamentos: câmaras frias, balcões frigoríficos e, às vezes, balcões aquecidos; forno para pães, misturador de farinhas, fatiadora de frios e queijos, balanças diversas, serra e moedor de carnes, *displays* etc. Da mesma forma, os utensílios utilizados são abundantes: facas, pegadores, colheres, bandejas, bacias, misturadores etc. E todos eles requerem manuseio correto e higienização constante.

Portanto, é importante que o profissional aprenda a operar com todos esses equipamentos e utensílios, para evitar seu desgaste excessivo (por mau uso) ou até mesmo torná-los inoperantes. Também é bom lembrar que eles podem ser veículos de contaminação alimentar, por isso as regras de higiene nunca devem ser deixadas de lado.

Finalmente, o setor de perecíveis deve atender a uma ampla legislação abrangendo saúde pública, pesos e medidas, tributação fiscal e normas de segurança do trabalho. É importante que os profissionais de supermercado conheçam tais regras para o correto exercício de sua função, evitando problemas para a empresa e para si próprios. As empresas costumam capacitar os funcionários nesse sentido.

O profissional atento a todas essas particularidades terá, em sua rotina de trabalho, a grande chance de crescer profissionalmente dentro da loja, comprometendo-se com o que faz e oferecendo justamente aquilo de que as empresas tanto precisam.

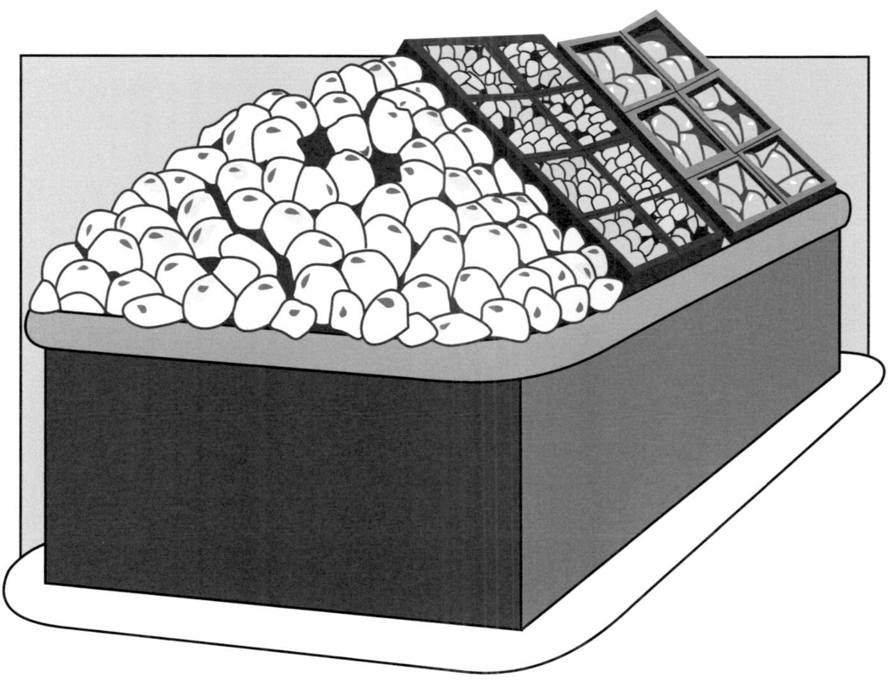

Equipamentos mais utilizados no setor de perecíveis

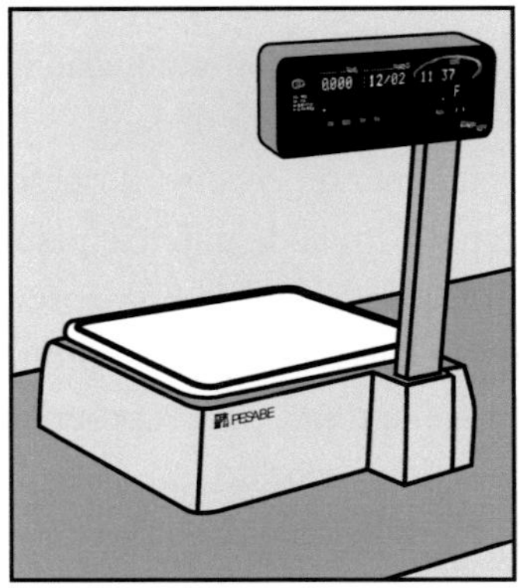

- **Balanças:** *em diversos setores do supermercado há balanças, equipamentos sensíveis, especialmente à água, ao sal e ao contato com equipamentos cortantes. Protegê-las com películas plásticas (e respeitar tal proteção) é uma providência que aumenta sua vida útil. Convém respeitar também o limite de peso das balanças, além de evitar derrubá-las.*
- **Balcões:** *móveis próprios para a instalação das máquinas registradoras e para a embalagem das mercadorias.*
- **Balcões de carnes e pescados:** *similares às câmaras refrigeradas, mas dotadas de vidro na parte superior. O mecanismo impede o contato direto dos consumidores com os produtos. Esses balcões possuem drenos que ajudam no escoamento de resíduos (água e sangue), facilitando sua limpeza.*
- **Câmaras refrigeradas, câmaras congeladas, balcões frigoríficos de atendimento ou de autosserviço, ilhas de congelados:** *em sua maioria, esses equipamentos funcionam com eletricidade ou com um tipo especial de gás. Podem ainda possuir torres de água para produzir o frio (ou a retirada do calor). É preciso cuidado com as interrupções de abastecimento elétrico ou vazamento do gás (freon). Isso porque a temperatura dos produtos pode subir para além do recomendado pelos fabricantes. Normalmente as temperaturas estão especificadas nas embalagens. Também é muito importante que o frio circule adequadamente pelas câmaras e balcões; para isso as mercadorias devem ser armazenadas respeitando as áreas de circulação de ar. Portas de câmaras devem permanecer fechadas, com os trincos funcionando bem. Balcões e câmaras devem ser higienizados regularmente, tendo-se cuidado para que a água não atinja os componentes elétricos, especialmente nos micromotores dos ventiladores de balcões.*
- **Misturadores:** *muito utilizados nas padarias e rotisserias para misturar os diversos ingredientes que compõem a massa dos diferentes tipos de pães, bolos e de outras receitas.*
- **Serras, moedores e facas:** *cada vez mais, a tendência é o supermercado comprar a carne já desossada. As facas usadas nos açougues das lojas servem apenas para finalizar o corte ao gosto do cliente.*

Higienização: a saúde em primeiro lugar

Num supermercado, os cuidados com a conservação (armazenamento e refrigeração resfriada ou congelada) aliam-se com a higiene pessoal e do ambiente de trabalho para evitar a contaminação dos alimentos.

Além do mais, uma loja higienizada demonstra respeito à saúde do consumidor e representa qualidade em prestação de serviços.

A higienização abrange todos os procedimentos que eliminam ou reduzem a contaminação, diminuindo, assim, os riscos de multiplicação dos agentes causadores de doenças. O processo todo compreende limpeza, lavagem e desinfecção e serve tanto para equipamentos e utensílios, quanto para instalações físicas e higienização dos próprios alimentos, guardadas as especificidades de cada um.

É claro que cada supermercado vai determinar os produtos de higiene usados em cada caso. Por hora, veja o que significa cada procedimento.

- **Limpeza:** *remove sujeiras e resíduos que são visíveis a olho nu. Muitas vezes a limpeza e a lavagem são feitas numa só operação.*
- **Lavagem:** *envolve o uso de água e detergente ou sabão para melhor remoção da sujeira. A lavagem pode reduzir ou não os micro-organismos a níveis aceitáveis. Alguns dos produtos mais usados: detergente, sabão, sabonete, sabonete antisséptico.*
- **Desinfecção:** *elimina ou reduz os microorganismos (não visíveis a olho nu) a níveis aceitáveis. A desinfecção pode ser feita com álcool 70%, solução clorada a 200 ppm ou água sanitária. Através de calor, usa-se a fervura de 10 a 15 minutos.*

Há ainda outros procedimentos usados na higienização:

- **Esterilização:** *destrói todos os germes e impede que eles se desenvolvam. Aqui se usam temperaturas bem altas, em equipamentos próprios para esterilização.*
- **Antissepsia:** *é o mesmo que desinfecção, só que é feita em seres vivos, em sua pele e mucosas. Alguns produtos: álcool 70% ou antissépticos à base de álcool 70%.*
- **Assepsia:** *feita depois da desinfecção ou antissepsia, mantém os micro-organismos afastados, seja em ambientes, superfícies ou mãos.*

Hortifrúti

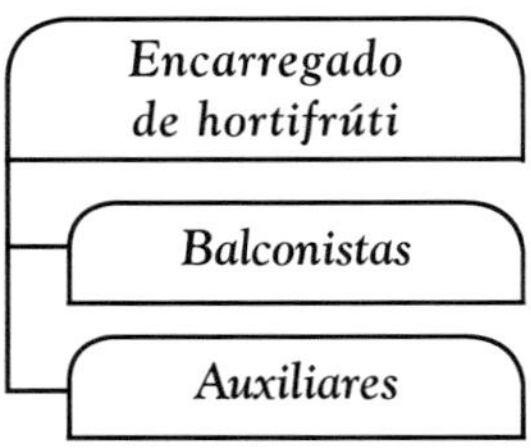

A seção de hortifrúti comercializa frutas, verduras, legumes, ovos, podendo também oferecer saladas prontas, sucos de frutas *in natura*, entre outros itens.

Os supermercados costumam ter, além do encarregado da seção que é responsável por toda a operação e pelo comando da equipe, funcionários classificados em dois níveis de especialização. Os balconistas, com experiência em hortifrúti, conhecimento dos produtos, de seu manuseio e modo de exposição; e os auxiliares, que, ainda em fase de treinamento, trabalham ao lado dos balconistas e, pouco a pouco, vão aprendendo mais sobre o ofício.

No passado, a maior parte da comercialização dos produtos hortifrutigranjeiros era feita nas feiras livres. Estimativas recentes, no entanto, indicam o crescimento da participação do setor de frutas, verduras e legumes no movimento dos supermercados. As explicações para tal crescimento vão desde a comodidade e o conforto que as lojas oferecem até a segurança proporcionada pelos estabelecimentos fechados. Em média, no Brasil, nos supermercados e hipermercados, a seção de hortifrúti representa algo em torno de 10% do faturamento da área de alimentos, segundo especialistas.

Atenção!

PRODUTOS EMBALADOS, CUIDADOS REDOBRADOS

Essas constatações servem para encorajar o profissional desse setor a investir na área. Servem ainda para acabar com as restrições, muitas vezes generalizadas, contra os operadores encarregados das tarefas relacionadas com o setor. A área é nobre, importante para os supermercados e, como tal, geradora de boas oportunidades de crescimento profissional dentro da empresa.

A arte de vender frutas, verduras e legumes exige uma série de cuidados. O profissional terá de aprender a apresentar os alimentos aos consumidores, transportá-los do recebimento às gôndolas e armazená-los no próprio ponto de venda. Vejamos como é feito.

■ O recebimento das mercadorias

Qual seria a primeira preocupação do profissional que trabalha na seção? De acordo com supermercadistas, o operador deverá estar atento à qualidade dos hortifrútis. Aspectos como firmeza, cor e grau de maturação precisam ser conhecidos, assim como o tipo e grau de refrigeração das frutas, legumes e verduras.

É necessário saber receber corretamente as novas remessas de produtos. O funcionário deve avaliar a mercadoria já no desembarque dos caminhões. Muitas lojas qualificam funcionários apenas para essa tarefa. Esse operador deverá conferir o produto, o meio de transporte utilizado pelo distribuidor e checar as notas de compra.

■ Armazenamento

Tão importante quanto cuidar do recebimento das mercadorias, saber armazenar os produtos que não serão expostos imediatamente é fundamental. As frutas, os legumes e as hortaliças precisam ficar guardados seguindo cuidados específicos. Artigos delicados, como frutas, pedem atenção redobrada quanto às caixas em que ficarão armazenados e à temperatura da câmara de refrigeração. Os repositores costumam ser orientados a empilhar as caixas de hortifrútis mantendo suas aberturas levemente desimpedidas para permitir a entrada de ar.

Para que o armazenamento não dê prejuízos para a empresa nem dor de cabeça para os operadores, é muito importante determinar os níveis seguros de estoque para cada item. Em outras palavras, assim como nada deve faltar quando há demanda por parte dos clientes, nada pode ficar estocado por muito tempo, estragando antes de chegar às prateleiras.

■ Higienização

Outra importante etapa do processo de venda dos produtos hortifrutigranjeiros se dá em um local conhecido como sala de preparação. É aí que os artigos receberão os primeiros cuidados antes de chegar às prateleiras.

A sala de preparação precisa ser limpa e arejada. É comum nessa fase a utilização de alguns equipamentos básicos. Geralmente, a sala possui mesas de alumínio com pequenas mangueiras para uma pré-lavagem – processo que melhora significativamente a aparência de frutas e verduras que podem vir cobertas de terra e barro. Os preparadores costumam ainda utilizar pequenas serras e facas para retirar o caule de legumes e as raízes de algumas verduras.

Também é na sala de preparação que parte das verduras poderá ser embalada individualmente. Outros produtos, como pepinos e abobrinhas, receberão apenas uma leve limpeza, uma vez que estragam mais facilmente se embalados úmidos em bandejas plásticas. Batatas e outros legumes já chegam embalados pelos próprios fornecedores. Em geral, todos esses procedimentos são passados pela empresa.

■ Exposição

Depois da higienização dos hortifrútis, é chegada a hora de os produtos irem às prateleiras. O modo de trabalho vai variar bastante conforme o tamanho da loja, os equipamentos de exposição e a política adotada pelo supermercado. Com tempo e treinamento, o funcionário aprenderá alguns detalhes de exposição que farão a diferença, chamando a atenção dos consumidores.

Aqui, vale destacar aquilo que o cliente valoriza e aquilo que mais o atrai. No caso de frutas, verduras

e legumes, sabe-se que o cliente procura beleza e qualidade. O operador precisa, então, valorizar esses pontos de sua mercadoria da melhor maneira possível: colocando os artigos mais bonitos logo à vista do cliente, por exemplo, e ordenando as mercadorias de modo a realçar a variação de cores de cada produto.

Os grandes supermercados costumam lançar mão de pesquisas de hábitos de consumo para saber quais os produtos mais consumidos pelos seus clientes e qual o horário do dia em que cada artigo é mais procurado. O operador dessa categoria de supermercados com certeza receberá treinamento específico que o ajudará a executar seu trabalho.

Com as alterações de mercado e as mudanças de perfil de consumo ocorridas nos últimos anos, os supermercados vêm promovendo constantes mudanças em seu *layout*, a fim de adaptá-lo às necessidades dos consumidores. Uma das características desse processo tem sido o aumento de participação do setor de perecíveis, com destaque para a seção de hortifrúti. Além do aumento de área, vem ocorrendo também uma mudança na localização da seção, de modo a valorizá-la ainda mais, como se pode observar na ilustração:

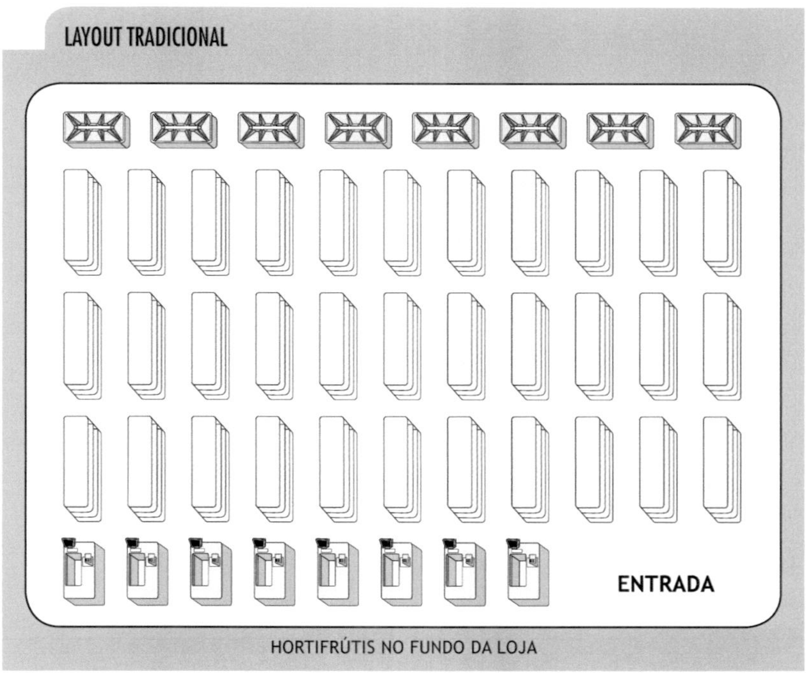

LAYOUT ATUAL

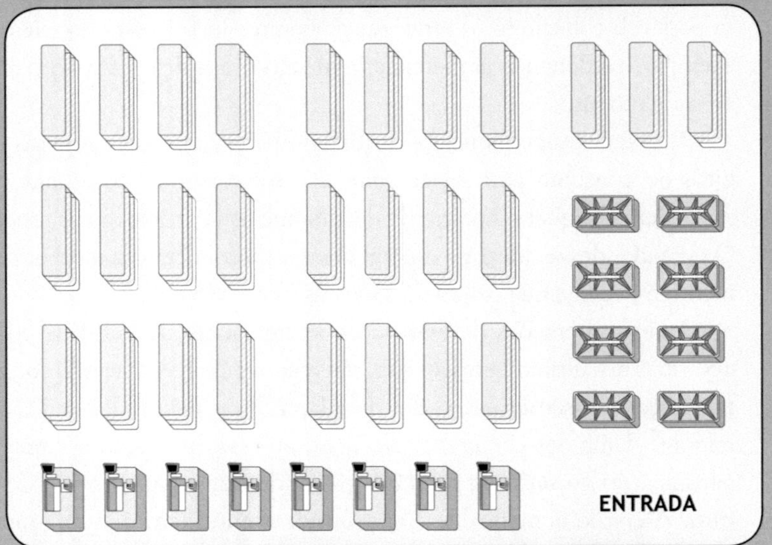

AUMENTO DA ÁREA DE HORTIFRÚTIS NA ENTRADA LATERAL DA LOJA

LAYOUT ATUAL

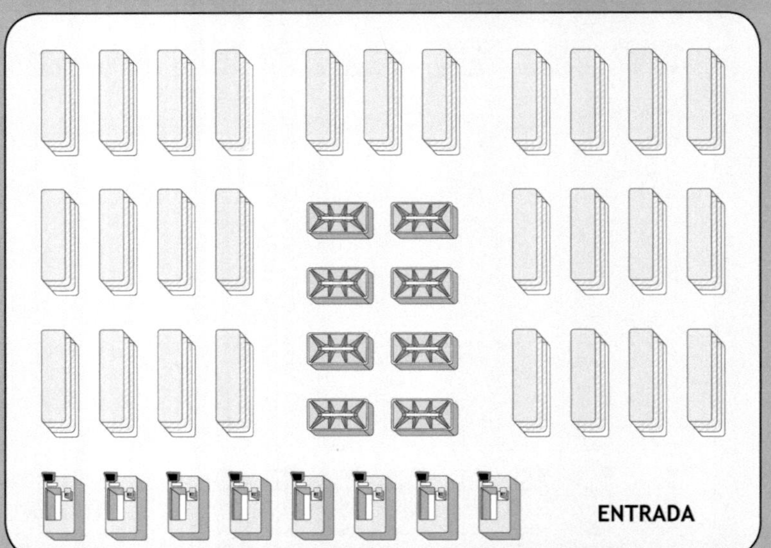

AUMENTO DA ÁREA DE HORTIFRÚTIS NO CENTRO DA LOJA

Com a diversificação das variedades de hortaliças e frutas, bem como a busca da excelência na exposição, os supermercados têm nos hortifrútis a certeza da atração de novos clientes e da manutenção dos antigos, o que tem se refletido no aumento da participação do hortifrúti no faturamento global dos supermercados.

■ Perdas (ou quebras)

Estudo do Ministério da Integração Nacional publicado em setembro de 1999 na revista *FrutiFatos* avaliou as perdas dos hortifrútis. O percentual de perdas apresentou-se inversamente proporcional ao tamanho dos estabelecimentos, sendo, respectivamente, 9% para os pequenos, 6% para os médios e 4% para os grandes. A pesquisa detectou que 85% das perdas se dão na exposição, 8% no transporte, 2% na estocagem e o restante (5%) em outros locais.

A pesquisa constatou ainda outro aspecto relevante relacionado às perdas, especialmente as ocorridas na exposição: a ausência de classificação e de embalagens apropriadas faz com que os consumidores busquem selecionar os produtos segundo suas conveniências. Nesse caso, a manipulação inadequada dos produtos provoca ainda mais a deterioração das frutas e hortaliças expostas para a venda, elevando as perdas totais e, com isso, os custos dos supermercados.

Parece claro que a falta de cuidado com os balcões de exposição pode botar tudo a perder. E esse trabalho deve ser constante, para que as mercadorias danificadas sejam retiradas o mais rápido possível da vista dos clientes. A limpeza da seção, a rearrumação e a reposição dos produtos devem ser preocupações permanentes de quem é responsável pela seção de hortifrúti.

■ Limpeza na seção

Como vimos, a comercialização dos hortifrútis, por serem produtos *in natura*, requer atenção redobrada quanto à limpeza e à higiene. Paredes, pisos e o teto da sala de preparação devem ser mantidos sempre limpos e bem-conservados. Os balcões e mesas de exposição devem ser limpos a cada troca de produto. O lixo também merece cuidado especial. Deve ser embalado e retirado com regularidade e deixado em lugares determinados pela loja.

Açougue

- *Encarregado de açougue*
  - *Açougueiros*
  - *Balconistas*
  - *Auxiliares*

Os profissionais do açougue são hierarquizados em três níveis: os açougueiros, que dominam toda a técnica de manuseio, conservação e comercialização de carnes e aves, resfriadas e congeladas; os balconistas, profissionais com experiência como embaladores, expositores e vendedores dos produtos; e os auxiliares, estes em fase de treinamento.

As atividades na seção de açougue são complexas e delicadas. O trabalho envolve desde conhecimentos básicos sobre os produtos comercializados até o domínio de várias técnicas de cortes, apresentação das carnes e conservação. O alto grau de especialização talvez explique o fato de o sistema de atendimento feito por balconistas ainda sobreviver na maioria dos supermercados, apesar da tendência de crescimento do autosserviço.

Basta reparar. Na maioria dos supermercados, seja de grande ou pequeno porte, ao lado dos balcões refrigerados com carne já embalada, lá estão os atendentes atrás dos balcões de atendimento, no velho estilo "açougue de bairro". Pesquisas recentes feitas pelos supermercados mostram que, por mais que a venda de artigos embalados e a vácuo seja mais higiênica e prática, boa parcela das donas de casa continua preferindo escolher pessoalmente as peças de carne.

O açougueiro deve acompanhar de perto o recebimento das carnes. Nessa fase do processo, é importante já ter aprendido a conferir os produtos e a dar conta dos detalhes de refrigeração. Em seguida, entra a parte mais técnica do trabalho: o conhecimento das técnicas para desossar, cortar, fatiar. Afinal, cada parte da carne bovina, de frango ou suína exige um modo de cortar. No caso das peças para churrasco, por exemplo, o corte deve ser perpendicular ao fio da carne. O músculo requer que sua capa, parecida com uma cartilagem, seja removida. Já as carnes para cozido não exigem corte especial, e assim por diante. Além disso, é preciso saber apresentar as peças de carne nos balcões frigoríficos.

Atenção!

O AÇOUGUEIRO PRECISA DOMINAR TÉCNICAS DE CORTE

Normalmente, o funcionário do açougue já teve alguma experiência profissional em açougues menores ou de bairro. Também é comum o próprio supermercadista se encarregar de treinar um novo funcionário com a ajuda de outros açougueiros mais experientes. Mas, independentemente da experiência profissional, o importante é o operador estar atento aos mais experientes e ter vontade de aprender. A maioria das associações regionais de supermercados também oferece cursos de qualificação nessa área.

■ Frangos e carne suína

Além da carne bovina, os supermercados trabalham em grande escala com frangos e carne suína. Os frangos chegam a representar quase a metade das vendas do açougue. Boa parcela dessas vendas se constitui de frangos inteiros, congelados ou resfriados, bem como de um volume considerável de partes de frango, produtos mais valorizados e com maior valor agregado – portanto, mais interessantes para o supermercado.

A participação da venda de partes de frango, como peito com e sem osso, coxa e sobrecoxa, perna inteira e miúdos (coração, fígado e moela), tem crescido principalmente junto ao público de melhor poder aquisitivo, que prefere pagar um pouco mais e ter exatamente o tipo de corte que deseja, além de ganhar tempo na cozinha.

Em geral os fornecedores entregam nos supermercados os cortes de frango e miúdos em embalagens de 3 a 5 kg, que devem ser fracionados em bandejas com pequenas quantidades antes de serem expostos na área de vendas. Alguns fabricantes oferecem também o produto já embalado em bandejas de até 1 kg, o que facilita as operações no açougue.

Alguns supermercados preferem fazer o trabalho de corte do frango na própria loja. De acordo com açougueiros experientes, a maneira clássica de cortar frangos consiste em dividir a ave segundo sua própria anatomia, separando-a pelas juntas. Não é preciso fazer força, serrar ou usar o martelo. Mas é imprescindível ter à mão duas facas bem afiadas (uma grande, outra menor, ambas de lâmina fina), uma tesoura e uma tábua de corte. As facas bem afiadas é que dão o ótimo acabamento ao produto final, especialmente aos frangos semiprontos (desossado, recheado e temperado).

A carne suína também pode ser comprada em cortes ou em carcaças que correspondem à metade de um animal. Caso o supermercado opte pela compra da carcaça, em função do custo menor, o profissional do açougue necessita de treinamento e alguma experiência para identificar as diferentes partes (cabeça, paleta, lombo, lombinho, pernil, barriga, perna dianteira, toucinho, bacon, pés, orelhas e rabo) e saber como separá-las com o melhor aproveitamento comercial.

■ Carne bovina maturada

Tem crescido a oferta de carne bovina pré-embalada por parte dos fornecedores. Normalmente são os cortes mais nobres, como picanha, alcatra e filé-mignon, embalados a vácuo e conservados entre -1 e +1°C. Esse processo aumenta a durabilidade e dá maior maciez e suculência ao produto, recebendo a denominação de "carne maturada". Apesar de ser uma mercadoria de custo mais elevado, sua aceitação é grande, principalmente entre os fãs do churrasco.

Outras vantagens do produto pré-embalado são: redução na mão de obra e facilidade operacional para o pessoal da loja, mais segurança do ponto de vista de higiene e conservação, boa apresentação do produto para o cliente, em embalagens apresentando instruções sobre manuseio e preparo.

Cortes exóticos

Alguns supermercados resolveram investir na oferta diferenciada de carnes em algumas das lojas localizadas em pontos nobres das cidades de São Paulo e do Rio de Janeiro. Hoje é possível encontrar carne de avestruz, capivara, tartaruga, jacaré, e as vendas têm autorização do Ibama.

O Pão de Açúcar já vende carnes silvestres de faisão, codorna e javali em cerca de 30 lojas. A representatividade dessas carnes silvestres no comércio é muito pequena se comparada à venda de carne bovina e de frango. As três principais bandeiras da companhia (Extra, Comprebem e Pão de Açúcar) vendem juntas o equivalente a mais de mil bois por dia. De frango, são 7 mil toneladas por mês. A procura dos cortes exóticos ainda é pequena e os preços são bem salgados. De qualquer forma, oferecer essa linha de produtos é uma estratégia para buscar um diferencial em relação à concorrência.

■ Higiene e segurança

Os profissionais da seção de açougue precisam estar atentos à adoção das normas de segurança. A medida é importante não só para a qualidade e higiene dos produtos comercializados como também para o próprio operador.

Cabe às empresas fornecer equipamentos de segurança operacionais. São eles: calçados especiais, luvas e avental de malha de aço, capa com capuz e luvas forradas (para a câmara fria), bota com forro de lã ou conjunto impermeável com meia térmica (para a câmara fria), avental impermeável (para o açougue e a peixaria) e luva impermeável para uso geral.

Na câmara fria, é importante observar as normas determinadas pelo Ministério do Trabalho, tais como a instalação de termômetros interno e externo, dispositivo de segurança interno para abertura da porta e placas indicativas do limite de permanência dos funcionários dentro da câmara.

Segurança no trabalho

Toda pessoa que manipula alimentos em estabelecimentos comerciais (restaurantes, padarias e confeitarias, açougues, supermercados, entre outros) deve ter, obrigatoriamente, um atestado de saúde atualizado a cada seis meses.

Essa medida é necessária para se evitar qualquer tipo de contaminação e manter a segurança no trabalho, conforme estabelece o Código de Vigilância Sanitária – Portaria CVS-6/99.

O "atestado de saúde para o manipulador de alimentos" consiste em exames médico e de laboratório, cuja finalidade é identificar doenças transmissíveis. Se, por exemplo, algum manipulador de alimentos sofrer intoxicação, ou mesmo residir com pessoas que tenham tido problemas de intoxicação alimentar, não poderá voltar a exercer suas atividades até a alta médica.

Frios e laticínios

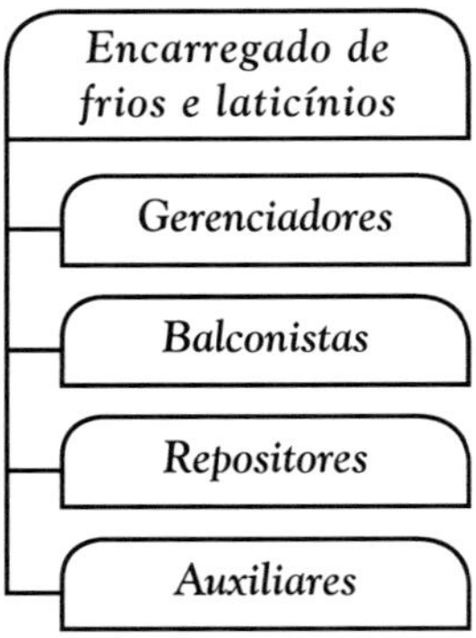

Enquanto as seções de hortifrúti, açougue e peixaria trabalham com produtos predominantemente *in natura* e a padaria e a rotisseria fabricam o produto final, a seção de frios e laticínios lida não só com produtos industrializados, mas também com alimentos vendidos a granel, como azeitonas, patês, conservas, carnes salgadas e bacalhau, além de mercadorias vendidas fatiadas, como presuntos, salames, mortadelas, muçarela e queijo prato. Isso leva a seção a ter características comuns aos setores de perecíveis e de mercearia.

Essa particularidade se reflete no quadro de funções da seção de frios e laticínios, onde aparecem gerenciadores e repositores, funções comuns à mercearia, e balconistas e auxiliares, cargos usuais no setor de perecíveis.

A venda de frios e laticínios exige uma série de cuidados específicos. Da escolha do fornecedor ao melhor corte dos produtos, de acordo com o tamanho da loja, o trabalho inclui ainda conhecer vários tipos de produtos, muito além dos tradicionais iogurtes, queijos, presuntos e mortadelas.

Normalmente, o operador dessa seção trabalha ou com a reposição de laticínios e produtos lácteos, como iogurtes, requeijão, manteiga, margarina, queijos, produtos congelados etc. (função dos gerenciadores e repositores) ou com a preparação, corte e venda de frios (trabalho dos balconistas e auxiliares).

Assim como nas demais seções de perecíveis, o operador aprende na prática a importância do recebimento correto dos produtos e suas particularidades. Entre elas, ter cuidados especiais com aqueles itens mais sensíveis e estar atento ao prazo de validade e à refrigeração adequada para a conservação de cada produto.

Os repositores precisam ser rápidos e estar familiarizados com a classificação correta dos produtos.

Iogurtes e similares devem ser colocados próximos uns dos outros, respeitando sempre o limite de empilhamento máximo recomendado pelo fabricante. O mesmo vale para os queijos, as manteigas e margarinas, massas frescas etc., que necessitam de refrigeração.

O prazo de validade de cada produto depende das especificações determinadas pelos fabricantes, os quais precisam se adequar às temperaturas de conservação disponíveis no transporte e na comercialização (no caso, dentro dos super e hipermercados). O quadro a seguir apresenta os principais produtos da seção frios e laticínios, com seus prazos de validade e as temperaturas de conservação.

PRODUTO	VALIDADE	TEMPERATURA
Leite longa-vida	120 dias	Temperatura ambiente
Manteiga	45 a 90 dias	Resfriada (até 10 °C)
Margarina	180 dias	Resfriada (até 10 °C)
Creme de leite fresco	15 a 20 dias	Resfriada (até 10 °C)
Iogurte	30 a 45 dias	Resfriada (até 10 °C)
Sobremesa láctea	30 a 45 dias	Resfriada (até 10 °C)
Petit suisses	30 a 45 dias	Resfriada (até 10 °C)
Leite fermentado	30 a 45 dias	Resfriada (até 10 °C)
Requeijão em copo	45 dias	Resfriada (até 10 °C)
Queijo inteiro	30 a 60 dias	Resfriada (até 10 °C)
Queijo de minas em saco plástico	7 a 10 dias	Resfriada (até 10 °C)
Queijo de minas em embalagem com tampa	15 a 30 dias	Resfriada (até 10 °C)
Frios fatiados embalados a vácuo	60 a 120 dias	Resfriada (até 10 °C)
Massa fresca	30 a 50 dias	Resfriada (até 10 °C)
Suco resfriado	60 a 90 dias	Resfriada (até 10 °C)
Salsicha embalada	60 a 120 dias	Resfriada (até 10 °C)
Linguiça embalada a vácuo	60 a 120 dias	Resfriada (até 10 °C)
Pratos prontos congelados	120 a 180 dias	Resfriada (até 10 °C)
Pizza congelada	120 a 180 dias	Congelada (-18 a -12 °C)
Hambúrguer congelado	180 dias	Congelada (-18 a -12 °C)
Legume congelado	90 a 180 dias	Congelada (-18 a -12 °C)
Batata frita congelada	90 a 180 dias	Congelada (-18 a -12°C)
Suco congelado	180 dias	Congelada (-18 a -12 °C)
Sorvete	Até 2 anos	Congelada (-18 °C)

O cuidado no manuseio das mercadorias deve ser preocupação permanente de toda a equipe. Seja na área de vendas, seja nas câmaras resfriadas e congeladas dos depósitos, os produtos não podem ser deixados fora da refrigeração. Da mesma maneira, deve ser permanente o acompanhamento dos equipamentos de refrigeração, para que eles mantenham as temperaturas ideais para cada produto.

■ Corte e exposição

Alguns supermercados trabalham com estoque de frios já fatiados, mas boa parte das grandes redes tem balconistas especializados na preparação e no corte de frios. Esses operadores ficam alocados em balcões especiais, situados próximos às gôndolas de laticínios. Lá estão expostas as mercadorias e instaladas as máquinas fatiadoras de frios e as balanças eletrônicas – os principais equipamentos operados pelo profissional.

Esses dois equipamentos variam conforme o fabricante e requerem treinamento bastante simples. De acordo com supermercadistas, a maioria dos fabricantes e fornecedores oferece treinamento constante para aperfeiçoar o atendimento. Em geral, o trabalho na fiambreria compreende retirar as peças do refrigerador e da embalagem, colocá-las na máquina fatiadora e ajustá-las para o tipo de corte desejado pelo cliente.

Outra das particularidades desta seção está no cuidado com a escolha de embalagens, bandejas e acessórios. O operador que quiser se destacar nessa área deve saber que embalar corretamente os produtos é determinante para agradar o cliente, que não deixará de notar a sua competência nisso. São pontos-chave: higiene, seleção criteriosa dos produtos, uniformidade na apresentação dos frios e identificação correta.

Muitas vezes junto da fiambreria se vendem produtos a granel, como azeitonas temperadas, tomates secos, picles etc. Para estes e para pastinhas prontas devem-se utilizar colheres, conchas especiais e facas, evitando sempre o contato manual com o produto por questões de higiene. Os procedimentos para a exposição dos produtos devem seguir as normas das empresas. Outra área

importante dos frios e laticínios é a de salgados (bacalhau, carne-seca, paio etc.), que necessita de balcões de exposição específicos.

■ A explosão dos iogurtes

Já há alguns anos, o iogurte vem sendo um produto fundamental para o sucesso de qualquer supermercado. Só para se ter uma ideia, hoje os supermercados respondem por mais de 90% da venda total desses artigos no Brasil.

Nos pontos de venda, compor o *mix* de produtos é o grande desafio. Opções não faltam. Para cada tipo de clientela, há toda uma linha de produtos. Assim, se a clientela é formada por jovens casais ou pessoas que moram sós, o supermercado vai perceber uma procura maior por produtos *light* ou naturais. Da mesma forma, se a loja é voltada para o grande público, as vedetes serão os iogurtes líquidos, geralmente em embalagem família. Neste último caso, vale lembrar também que as lojas deverão apostar ainda em marcas menos conhecidas, mais baratas e acessíveis.

Peixaria

Esta é uma seção que não se encontra em todos os supermercados. A peixaria é mais comum nas grandes lojas e nas regiões litorâneas com pesca mais abundante. A seção tem alguns pontos em comum com o açougue, porém o nível de especialização dos profissionais é maior e, em função do número reduzido de peixarias, é ainda menor a oferta desses profissionais no mercado.

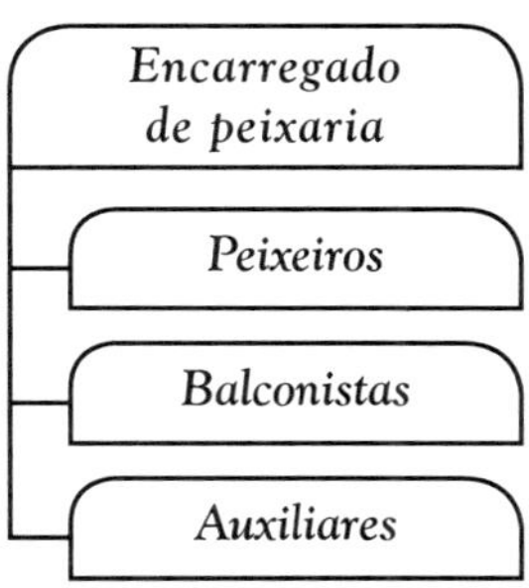

Da mesma forma que no açougue, os profissionais são classificados em três níveis: os peixeiros, que dominam toda a técnica de manuseio, conservação e corte de pescados, crustáceos e frutos do mar; os balconistas, profissionais já com experiência e conhecimento, principalmente na exposição, embalagem e venda dos produtos; e os auxiliares, profissionais em fase de treinamento.

Na peixaria, a grande preocupação reside na conservação dos produtos. Os congelados, enquanto mantidos nas temperaturas recomendadas, em torno de -18 °C, têm uma durabilidade bastante razoável. No entanto, o pescado resfriado tem um ciclo de comercialização muito curto. Além disso, uma das formas mais comuns de consumo é a do produto resfriado cortado em postas ou filés, o que, por um lado, valoriza a mercadoria e facilita as vendas, mas, por outro, reduz ainda mais a durabilidade do produto.

> **Atenção!**
>
> NA PEIXARIA, A CONSERVAÇÃO É O PONTO CRÍTICO

Crustáceos, como camarão, lagostim e lagosta, são mercadorias muito delicadas e, além disso, extremamente caras. O mesmo vale para os frutos do mar, como os mexilhões. Por isso, nesses casos a conservação é também questão central e precisa ser tratada com responsabilidade pelo encarregado e pelos funcionários da seção.

Um dos principais fatores que valorizam uma peixaria é a exposição dos produtos, que é feita geralmente em balcões cobertos por gelo moído. A capacidade de montar uma exposição de peixes e frutos do mar que estimule a compra da mercadoria só é obtida com muito trabalho e experiência.

■ Abastecimento

O bom funcionamento de uma peixaria depende muito do abastecimento. Para que a seção funcione perfeitamente, é necessário que o responsável pelas compras escolha fornecedores de confiança. Ele terá de pesquisar muito, sempre em busca de bons preços e, principalmente, de qualidade. Mas os problemas não param aí.

O abastecimento da peixaria fica à mercê da disponibilidade dos pescados e frutos do mar, que é diferente a cada dia por questões relativas às estações do ano, ao transporte, às marés, aos pescadores etc. Isso significa que o abastecimento aqui é imprevisível: um dia pode ter camarões graúdos, mas em outro os crustáceos podem nem ser encontrados.

Assim, o peixeiro nunca pode contar com as mesmas variedades de mercadorias para compor seu balcão de exposição. A cada dia o balcão se apresenta de maneira nova. Exatamente por isso os que trabalham nessa seção precisam conhecer o "peixe" que estão vendendo, para poder sugerir alternativas ao cliente habituado a comprar sempre o mesmo produto. Neste sentido, é muito importante que a peixaria capriche nos cartazes que identificam os tipos de pescados, uma vez que a maioria dos clientes não reconhece todas as variedades, ainda mais quando em postas e filés.

Os principais pescados e como observar seu frescor

- **Peixes:** *como regra geral, os peixes de água doce devem ter um cheiro fresco e limpo, enquanto os peixes de água salgada devem cheirar a mar. Os olhos devem estar inteiros, brilhantes e salientes. O bom peixeiro sabe que não se devem consumir peixes com olhos opacos, secos ou murchos. As guelras devem estar limpas, vermelhas e brilhantes, sem limo. O corpo, firme, liso e rígido. A pele deve estar brilhante e úmida, com as escamas intactas.*
- **Camarões:** *os camarões frescos podem ser vendidos com a casca, descascados ou com a casca mas sem a cabeça. Rejeitar se o odor estiver desagradável ou lembrando o amoníaco. Verificar se a casca está bem aderida ao corpo e, caso estejam ainda com a cabeça, se esta não se desprende facilmente. A carne tem de se apresentar firme e de cor branco-acinzentada (rosada só depois de cozidos). Evitar os que se apresentarem amassados.*
- **Caranguejos e siris:** *verificar a cor (rósea) e o frescor.*
- **Lagostas e lagostins:** *como os caranguejos e siris, possuem carapaças duras e articuladas. Normalmente são encontrados congelados (crus ou pré-cozidos).*
- **Polvos e lulas:** *devem apresentar odor sempre suave e a pele ligeiramente viscosa e lustrosa. Evitar os que apresentarem um cheiro estranho e cuja pele esteja gosmenta e sem brilho. Variam em aspecto e em fileiras de ventosas.*
- **Mexilhões e mariscos:** *não comprar os que têm muito lodo ou crostas, os rachados ou danificados. Rejeitar os que continuam abertos ao se bater na casca.*
- **Vieiras:** *em geral, são encontradas limpas e sem casca. Se tiverem um cheiro fresco e adocicado, estão frescas. A carne deve ser levemente cinza e translúcida.*
- **Ostras:** *as cascas devem estar perfeitas e totalmente fechadas. Ao se bater nas cascas, estas devem emitir um som de algo sólido.*

Padaria

Durante muito tempo, a padaria ficou restrita apenas às lojas com grande área de vendas. Mas hoje essa realidade está mudando e os pequenos e médios supermercados estão abrindo padarias e conquistando espaço, graças à criatividade e à evolução tecnológica do setor.

Uma padaria-padrão de supermercado oferece vários tipos de pães, bolos, confeitos e doces. Para fabricar e comercializar essa linha de produtos, a estrutura típica da seção deve apresentar os cargos mostrados no organograma.

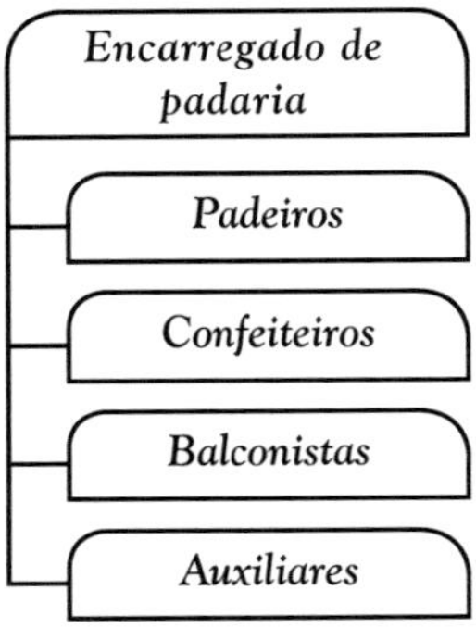

O crescimento nos números comprova a importância da seção de padaria no autosserviço. Pesquisa de hábitos de consumo realizada pela Associação Mineira de Supermercados (Amis), mostrou que o número de padarias instaladas em supermercados e pequenos estabelecimentos praticamente dobrou nos últimos anos. Em Minas Gerais eram cerca de 2 mil em 1999. Hoje são mais de 4.500 distribuídas entre pequenas, médias e grandes redes de supermercados.

Especialistas na área acreditam que daqui a cinco anos o número tende a ser ainda maior, e quem não atentar para esse diferencial pode sair perdendo nas vendas. Portanto, não é difícil prever que as oportunidades de emprego e crescimento profissional nessa área são promissoras.

Mas por que essa expansão acelerada no número de padarias em supermercados? Uma das explicações é a oferta de novos equipamentos de cozinha mais eficientes, compactos e fáceis de operar. Porém, a principal razão reside no fato de as padarias serem excelentes fontes de lucro, uma vez que a margem dos produtos comercializados é bem superior à média das demais seções. Além disso, são fortes geradoras das vendas por impulso, estimuladas pela apresentação do produto, pelo cheiro do pão quentinho e pela atração dos doces e confeitos. Quem já visitou um supermercado com uma boa padaria quando estava com um pouquinho de fome é testemunha disso.

Ao contrário das padarias e das doçarias tradicionais, que muitas vezes têm profissionais com receituário próprio, no supermercado o trabalho do padeiro e do confeiteiro é um pouco diferente, para que a seção seja rentável e possa competir com esses estabelecimentos.

O receituário das lojas deve ser padrão, e os profissionais têm de produzir os bolos, doces e salgados prescritos pelo responsável da seção, que verifica quais têm mais saída, passando as instruções para os outros profissionais. Essa conduta nas grandes redes tem o objetivo de controlar a qualidade, o consumo de ingredientes e as quebras (perdas).

Atenção!

PADARIA E CONFEITARIA EXIGEM PROFISSIONAIS CRIATIVOS

Sobremesas, *petit-fours*, salgados, além dos doces, bolos e tortas sempre frescos, garantem o movimento dos clientes, mas hoje em dia os produtos com menos cremes gordurosos e com frutas têm obtido mais sucesso. Há ainda procura por sobremesas tamanho família, tortas de 400 a 500 gramas, bem como porções para uma pessoa.

A seção de padaria e confeitaria agrega valor às lojas de supermercados e são rentáveis – sempre acima de 50% sobre o preço de venda –, mas também têm uma quebra alta, em média de 30%, devido à perecibilidade dos produtos da confeitaria, com validade de no máximo três ou quatro dias.

DESTAQUE | PERFIL

A voz da experiência

Tendo atuado por quase 30 anos na área de panificação, Luiz Ivanildo Farias é atualmente gerente de atendimento a clientes da Unilever. Para ele, a tendência é realmente de crescimento no setor. Mas Luiz chama a atenção para diversos cuidados que o profissional deve ter se quiser fazer carreira numa padaria de supermercado:

- *Treinamento é fundamental. Procure fazer cursos de especialização. Cobre isso de seus patrões. Ou, se puder, patrocine você mesmo sua reciclagem.*
- *A padaria precisa manter uma produção artesanal, quer dizer, atrair o cliente pelo diferencial, e estar sempre com a área de trabalho organizada.*
- *Invista em degustação de produtos frescos.*
- *Não faça exposições exageradas. Os balcões no Brasil são grandes, e produtos em quantidade podem dar a impressão de que estão velhos. Exposições menores são mais charmosas.*
- *Invista em* marketing *e em datas comemorativas.*
- *Não use a cultura do reaproveitamento. Para cada massa há um produto específico e o uso de qualquer substância pode comprometer sua produção.*
- *Aposte no emocional. Os clientes gostam de ser bem-tratados.*
- *Asse os produtos num intervalo 30 a 40 minutos entre uma fornada e outra.*
- *Deixe para decorar e preparar a arte-final de bolos e tortas no momento da venda, para conservar assim seu frescor.*
- *Assinale a validade dos produtos corretamente.*

Rotisseria

A sofisticação de boa parte dos supermercados instalados nas grandes cidades está levando os empresários do setor a inovarem em serviços. Várias lojas já possuem área específica para a comercialização de alimentos prontos conhecida como rotisseria. Nela são comercializados saladas, maioneses, frangos e outros assados, massas frescas etc.

Em várias redes já é possível fazer refeições rápidas nessa seção. Para isso, as lojas contam com mesas e cadeiras e funcionários próprios para o atendimento.

A rotisseria é uma ótima opção para lojas de maior porte. Faz aumentar o leque de produtos oferecidos e melhora a margem média da loja. A equipe de uma rotisseria padrão é a seguinte:

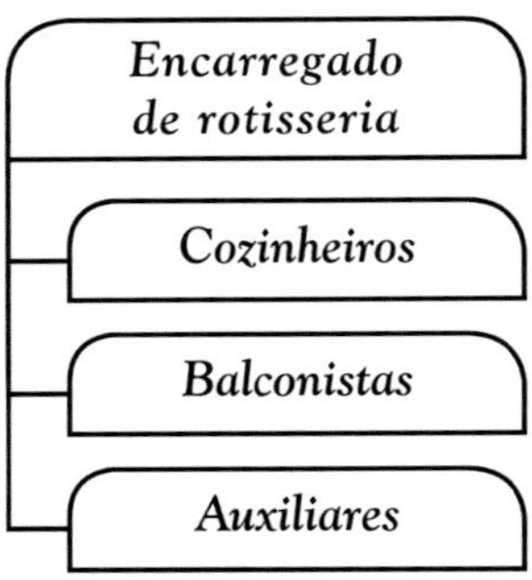

Os profissionais de rotisseria atendem um público que busca praticidade e rapidez, seja quando aproveita uma folga de horário antes do almoço ou após o trabalho para comprar um prato pronto que facilite a preparação da refeição, seja para garantir um prato diferente, uma pizza ou um assado para o almoço de domingo ou alguma ocasião especial.

O importante nessa seção é caprichar no atendimento, principalmente sendo rápido e simpático. Na rotisseria é fundamental a boa apresentação dos pratos prontos ou semiprontos, sugerir formas de preparo e acompanhamentos aos clientes. A tarefa é, na verdade, uma das mais agradáveis dentro da loja, e em geral as funções são bem-remuneradas em relação às outras seções.

Antes de mostrarmos os aspectos gerais do trabalho dos setores de apoio, leia sobre a questão da segurança alimentar no boxe a seguir.

Segurança no trabalho

O Sistema de Análise de Perigos e Pontos Críticos de Controle (APPCC), conhecido internacionalmente como Sistema HACCP, foi desenvolvido para garantir a produção de alimentos seguros à saúde do consumidor. Seus princípios são utilizados nos processos de melhoria da qualidade em vários países. O sistema identifica os perigos potenciais à segurança do alimento desde a produção das matérias-primas até a venda final e, com essa informação, programa ações preventivas e corretivas capazes de impedir que o consumidor compre um alimento contaminado.

O APPCC começou a ser desenvolvido pela indústria química há aproximadamente 50 anos. Com as primeiras viagens espaciais tripuladas no início dos anos 1960, a Nasa (a agência espacial norte-americana) estabeleceu como prioridade o estudo da segurança da saúde dos astronautas, sendo a prevenção das doenças associadas aos alimentos considerada o item mais importante. A companhia Pillsburry foi escolhida, então, para desenvolver sistemas de acompanhamento efetivo sobre a cadeia alimentar de todos aqueles que participariam dos voos. Após vários estudos, concluiu que seria necessário estabelecer controle em todas as etapas da produção dos alimentos que seriam consumidos. Nasciam aí as primeiras conclusões do Sistema APPCC dirigido à produção de alimentos.

No Brasil, em 1993, o Ministério da Agricultura estabeleceu normas e procedimentos para a implantação do sistema nos estabelecimentos de pescados e derivados. Poucos meses depois, ele foi estendido para toda a indústria de alimentos.

Nosso país conta hoje com o Programa Alimentos Seguros (PAS), que tem como parceiros o Senac, o Sesc, o Senai, o Sesi, o Sebrae, o Ministério da Agricultura, o Ministério da Saúde e a Embrapa (Empresa Brasileira de Pesquisas Agropecuárias), entre outros. O PAS tem como objetivo divulgar e promover a implementação de ferramentas de controle de qualidade e segurança na produção de alimentos, como as Boas Práticas (controle higiênico-sanitário) e o Sistema APPCC, desde a produção da matéria-prima no campo até a mesa do consumidor.

A empresa supermercadista é atendida pelo PAS através de um projeto específico denominado "Distribuição". Se estiver interessada em melhorar a qualidade dos produtos alimentícios que comercializa, deve solicitar a visita de um técnico ligado ao programa. O pré-requisito que deve ser atendido são as Boas Práticas – normas de higiene pessoal, de tratamento do ambiente e da matéria-prima.

As Boas Práticas e o sistema APPCC, já previstos em legislação federal e implementados pela equipe do PAS, podem contribuir para a maior segurança e satisfação do consumidor em relação àquilo que está comprando num supermercado. Além disso, podem tornar as empresas mais competitivas, porque propiciam a redução de perdas de matérias-primas, embalagens e produtos, bem como melhoram sua imagem junto ao público.

Retaguarda

Setor de serviços

A estrutura padrão do setor de serviços é a seguinte:

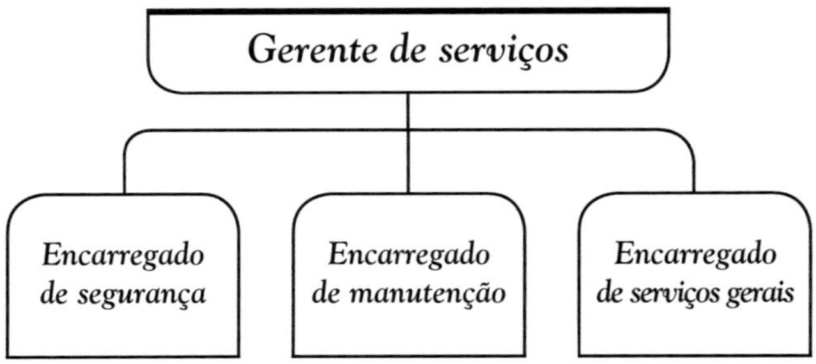

Segurança

A área de segurança é extremamente importante e delicada, exigindo bom nível de especialização de seus funcionários. Parte dela, a chamada segurança patrimonial, que são as funções de vigia noturno e de segurança da área externa ao prédio (entrada da loja, portaria de mercadorias e estacionamento de clientes), pode ser terceirizada para empresas especializadas.

A segurança operacional, área denominada "prevenção de perdas" em algumas empresas, controla o funcionamento da loja propriamente dito, o que significa prevenir prejuízos em função de atitudes desonestas por parte de clientes, funcionários da empresa e funcionários de fornecedores ou prestadores de serviços. Entre os pontos críticos para a ocorrência desses prejuízos, podemos destacar a portaria de mercadorias, a portaria de funcionários, a área de armazenagem de produtos, a área de vendas e a frente de caixa.

Em geral, os problemas de segurança na portaria de mercadorias são causados por associação entre os funcionários da loja e outros do fornecedor ou das empresas de entrega. Os prejuízos nesse tipo de situação tendem a ser elevados, porque, quando eles ocorrem, não são ações isoladas de uma única pessoa e não acontecem uma única vez. O mais comum é que um grupo de funcionários da empresa e de um ou mais fornecedores ou empresas de entrega formem uma verdadeira quadrilha, agindo de forma continuada e com cuidado para não serem descobertos facilmente.

A portaria de pessoal é outro ponto crítico, pois os funcionários ou promotores de venda podem tentar sair da loja com mercadorias. Cada empresa tem políticas específicas para a verificação e a revista de funcionários.

Na área de armazenagem de mercadorias também podem ocorrer furtos de produtos para consumo no local ou para serem passados para fora da loja de alguma forma. Esse tipo de ocorrência normalmente é causado por funcionários ou promotores de venda.

Na área de vendas, a maior preocupação é com os clientes, ou falsos clientes, que ao perceberem uma oportunidade podem se sentir tentados a furtar mercadorias, adulterar preços (no caso de empresas que ainda operam sem leitura óptica) ou degustar produtos.

O setor de frente de caixa também é vulnerável. Podem ocorrer irregularidades principalmente com a saída de mercadorias sem registro ou com registro incorreto. Nessas situações, o mais comum é a ação de um operador de caixa com um parente, amigo ou conhecido, que se faz passar por cliente.

Como já foi dito, a área de prevenção de perdas é extremamente delicada. Afinal, todos devem ser considerados honestos até que se prove o contrário. Deve-se ter absoluta certeza do delito antes de se levantar qualquer suspeita contra clientes, funcionários da empresa ou funcionários de outras empresas. Acusações desse tipo são graves e não devem ocorrer com base em simples impressão ou desconfiança.

Por tudo isso, vale a regra que diz que "é melhor prevenir do que remediar". A presença de fiscais de segurança uniformizados circulando pelas áreas internas e pela área de vendas, a existência de rotinas de checagem e conferência de registros e rotinas administrativas, a instalação de equipamentos de segurança e fiscalização, a colocação de cartazes informando sobre a existência desses equipamentos de segurança e fiscalização na loja, entre outras medidas, são procedimentos necessários para conter desvios e evitar prejuízos.

Manutenção e serviços gerais

Nos últimos anos, várias empresas de supermercados têm optado por terceirizar a maior parte dos serviços das áreas de manutenção e de serviços gerais de suas lojas. De acordo com empresários do setor, a medida barateia os custos operacionais e melhora a qualidade dos serviços prestados. Mas, apesar da terceirização, é importante ter na loja profissionais coordenando essas tarefas.

O responsável pela manutenção deve zelar pelo funcionamento e pela devida utilização dos equipamentos, alguns deles de custo bastante elevado, para que atendam às funções de conservação dos produtos (equipamentos de frio), manutenção da temperatura ambiente (ar-condicionado), preparação e acondicionamento de produtos (fatiadores e embaladoras) e operação da loja de uma forma geral, como é o caso das etiquetadoras de preço, dos equipamentos de leitura óptica da área de vendas para informação de preço, dos *check-outs*, entre outros.

Atenção!

MANUTENÇÃO PREVENTIVA É SINÔNIMO DE ECONOMIA

A outra preocupação na área de manutenção é implementar e seguir rotinas de manutenção preventiva. Além de garantir o funcionamento dos equipamentos, sua durabilidade e diminuir as quebras e interrupções, uma boa rotina de manutenção preventiva representa economia segura, se compararmos seu custo com os prejuízos causados por quebras, consertos, deterioração de mercadorias e piora do nível de serviços da loja. Fique claro que todos os funcionários que trabalham com equipamentos precisam receber treinamento para aprender a lidar de maneira correta, cuidadosa e atenta com o patrimônio da empresa.

Quanto à área de serviços gerais, cabe ao responsável cuidar das tarefas de apoio básicas e importantíssimas como limpeza, controle de materiais de consumo e materiais de escritórios, bem como, em alguns casos, compra de produtos de pequeno valor não disponíveis na loja ou no almoxarifado do escritório central.

Dentre essas funções, a limpeza tanto das áreas internas como da área de vendas é a mais trabalhosa e a que envolve o maior número de pessoas. Mesmo quando uma empresa de prestação de serviços é contratada para a execução da limpeza da loja, é importante que haja um profissional na casa para supervisionar o serviço, o que é vital para garantir o conforto e as condições de trabalho da equipe e o nível de serviços oferecidos aos clientes.

Setor de recepção de mercadorias

O trabalho de recebimento de mercadorias é importante para o controle de estoque e para o sistema de pedidos das lojas. Os funcionários responsáveis por conferir os produtos recebidos, o porteiro e os auxiliares de portaria, devem ter o cuidado de checar as quantidades encomendadas, o prazo de validade dos produtos, o estado das embalagens e os dados contidos nas notas fiscais. Aliás, tal qual se dá na área de segurança, as diferenças entre os valores registrados nas notas e as mercadorias entregues podem resultar em prejuízos para o supermercado.

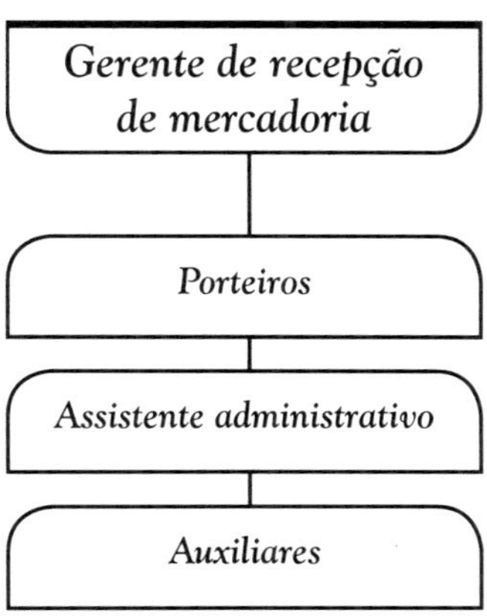

A recepção é, portanto, um setor crítico. Os problemas na entrega dos produtos, seja na qualidade das mercadorias (principalmente dos perecíveis), seja na embalagem dos produtos, nas quantidades entregues, no prazo de validade e nos dados e custos registrados nas notas fiscais, só podem ser evitados com muita organização, disciplina e controle. Uma vez recebida a mercadoria, fica muito difícil corrigir as irregularidades.

Mas não para por aí a grande responsabilidade dos profissionais que recebem as mercadorias nas lojas. É exatamente no setor de recepção que os produtos são lançados no controle de estoque e os pedidos de reposição são baixados. Se esse trabalho não for benfeito, toda a gestão da loja fica prejudicada.

Setor administrativo

A organização do setor administrativo varia muito de uma empresa para outra em função dos sistemas e controles utilizados e do nível de centralização ou autonomia de que suas lojas dispõem.

A área administrativa é responsável pelos assuntos relativos a recursos humanos, bem como pelo controle de resultados e de receitas e despesas sob responsabilidade do gerente da loja. Em certas empresas, também cabe ao setor administrativo dar apoio aos encarregados de seção da área de vendas no envio e acompanhamento dos pedidos de reposição de mercadorias. Veja o organograma do setor.

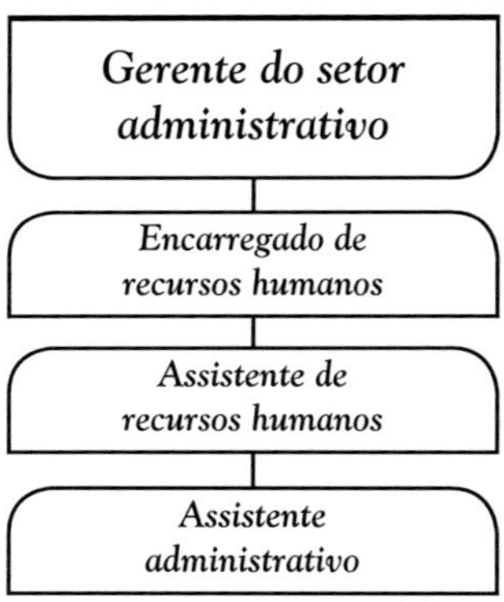

A área de recursos humanos trabalha interligada com o departamento de recursos humanos do escritório central, cuidando do controle de frequência e horas extras, informando os dados necessários para o processamento da folha de pagamentos, providenciando o pagamento de salários e, de acordo com o nível de autonomia da loja, auxiliando no recrutamento, seleção e treinamento dos funcionários.

A área administrativa tem a função de apoiar o gerente da loja e os demais setores. Nas empresas de maior porte, é o setor administrativo que faz a ligação da loja com o escritório central, principalmente nos assuntos relacionados à estrutura e ao funcionamento da loja, às questões financeiras e de controle. Esse trabalho é feito através do recebimento e transmissão de relatórios periódicos e de controles internos.

Normalmente os funcionários desse setor têm de dominar os princípios básicos de informática, uma vez que boa parte de seu trabalho é feita utilizando terminais de computador.

Formação e atualização profissional

O cenário dinâmico do setor supermercadista tem gerado um novo modelo de gestão dos negócios. A experiência das multinacionais no Brasil estimulou as empresas nacionais a reverem alguns conceitos e a mudarem o relacionamento com seus funcionários. Os tempos do patrão preocupado apenas com o cumprimento do horário acabaram. Hoje as empresas estão buscando e valorizando outras qualidades em seus funcionários e mudando a forma de tratá-los.

A adoção de maiores investimentos na política de recursos humanos é um exemplo disso. As empresas supermercadistas estão preocupadas com a qualificação e a requalificação de seus funcionários e, especialmente as de grande porte, têm se empenhado em seus programas de treinamento. Ao mesmo tempo, a concorrência levou alguns empresários a investirem na contratação de pessoal mais preparado, muitas vezes fisgado dos quadros do concorrente. Sem contar que as pessoas já buscam aperfeiçoamento profissional por conta própria.

Quem pensa em crescer profissionalmente e fazer carreira numa empresa supermercadista tem agora ótimas oportunidades. Basta ir atrás de capacitação, interessar-se e, principalmente, deixar de lado o preconceito de que trabalhar em supermercado é algo para pessoas sem muita opção. Pensando dessa forma, mais do que as adversidades do trabalho, terá a si mesmo como inimigo.

É bom lembrar que a ascensão profissional depende essencialmente de saber o que se quer fazer, empenhar-se para atingir os objetivos e acreditar neles!

Com este livro, procuramos auxiliar aqueles que acreditam que prosperar é uma questão de empenho e persistência. O setor supermercadista possui uma mobilidade própria difícil de ser encontrada em outras áreas. Nele, muitas das funções são interligadas, permitindo crescimento profissional certo.

Além dos próprios supermercados, das entidades ligadas a eles, como a Abras e suas filiadas regionais, já é possível encontrar cursos relacionados ao varejo em várias unidades do Senac distribuídas pelo país e mesmo em consultorias de varejo, sejam elas públicas ou privadas.

Fora esses cursos mais generalistas, que dão uma visão mais panorâmica da carreira, também é possível encontrar no mercado inúmeros cursos sobre as mais diversas ocupações relacionadas ao dia a dia de um supermercado, como cozinheiro, padeiro, confeiteiro, açougueiro.

Arregace as mangas e, principalmente, acredite na carreira e em sua capacidade de aprender sempre. Sem receios, faça do supermercado uma verdadeira opção profissional.

Referências

ALMANAQUE Abril 2001. São Paulo : Abril Multimidia, 2001. 1 CD-Rom.

ANGELO, Cláudio Felisoni de; SILVEIRA, José Augusto G. da. **Varejo competitivo**. São Paulo : Atlas, 2000.

BELIK, Walter. Evolução e tendências do varejo. In: Morgado, Mauricio Gerbaudo (Org.); Gonçalves, Marcelo Neves (Org.). **Varejo**: administração de empresas comerciais. São Paulo : Ed. SENAC São Paulo, 1996. p. 23-55.

BLECHER, Nelson et al. A ditadura do varejo. **Exame**, Rio de Janeiro, 12 jun. 2002. p. 44-58. Reportagem de capa.

BRAFMAN, Luciana. Família Sendas S/A : rede na mira dos grandes : renovação executiva e nas lojas : um líder carismático. **Jornal do Brasil**, Rio de Janeiro, 18 ago. 2002. Caderno de Economia, p. A20.

BRASIL. Ministério da Agricultura, Pecuária e Abastecimento. **Cartilhas Informativas**, 2000-2001. [S. l., 2001?].

CAMPOS, Vera. O país dos pequenos. **Revista Distribuição**, São Paulo, v. 8, n. 95, p. 80-86, out. 2000.

CONFEITEIROS : funcionários de talento, **SuperHiper**, São Paulo, n. 322, p. 140-142, jul. 2002.

DIEESE. **Pesquisa anual**. São Paulo, 2001.

DO campo direto para a gôndola. **Supermercado Moderno**, São Paulo, p. 33-41, nov. 1998.

FARIAS, Andréa. Rede Pão de Açúcar reforça venda virtual, **Computerworld Internet Commerce** [online]. Rio de Janeiro, n. 285, 08 mar. 1999 [capturado em 01 nov. 2002]. Disponível: http://computerworld.terra.com.br/cases/1999/285/int_01htm

FEIJÓ, Atenéia. Um hipernegócio de varejo. **Diga-lá**, Rio de Janeiro, n. 9, p. 25-31, jul./ago. 1999.

FERRAZ, Suzana et al. Norte... as oportunidades estão lá. **SuperHiper**, São Paulo, v. 27, n. 314, p. 36-66, set. 2001.

GESTÃO : o poder da união. **Revista Varejo & Tecnologia** [online], São Paulo, p.1-4. [capturado em 14 nov.2002]. Disponível : http:/www.varejoetecnologia.com.br/apresenta2php?pag_id=103&edicao=22.

GOMES, Antero; BAGDALLI, Solange. Abras rejeita exigências do consumidor brasileiro. **Revista Pró-Consumidor**, São Paulo, n. 25, p. 25-29, fev. 2001.

GUIA do empresário : boas práticas e sistema APPCC. Rio de Janeiro: Senac/DN, 2001. 34 p. (Qualidade e Segurança Alimentar). Projeto APPCC Mesa. Convênio CNC/CNI/Sebrae/Anvisa.

HIRATA, Cristiane. Loja virtual : varejo integrado e multicanal. **SuperHiper**, São Paulo, v. 27, n. 306, p. 30-37, fev. 2001.

LANDIM, Raquel. Itambé e Mococa retiram marcas das grandes redes. **Valor Econômico**, São Paulo, 14 nov. 2002. p. B3.

LOJAS independentes. **Supermercado Moderno**, São Paulo, v. 33, n. 8, ago. 2002.

MANUAL do responsável técnico. Rio de Janeiro : Senac/DN, 2001. 117 p. (Qualidade e Segurança Alimentar). Projeto APPCC Mesa. Convênio CNC/CNI/Sebrae/Anvisa.

AS MARCAS que vendem de fato. **SuperHiper**, São Paulo, n. 322, jul. 2002. Reportagem de capa.

MARKETING de festas. Natal : hora certa de agarrar seu cliente. **Supermercado Moderno**, São Paulo, v. 33, n. 10, p. 20-88, out. 2002.

MARTINEZ, Cristiane. Supermercados crescem com ou sem crise na economia. **Gazeta Mercantil**, São Paulo, 16 ago. 2002. p. C4.

MORITA, Alessandra. Medo por quê. **Supermercado Moderno**, São Paulo, v. 33, n. 7, jul. 2002. Reportagem de capa.

NAPOLI, Tatiana. Iogurtes : vendas para todos os gostos. **Supermercado Moderno**, São Paulo, v. 33, n. 9, p. 47-52, set. 2002.

PARENTE, Juracy. **Varejo no Brasil** : gestão e estratégia. São Paulo : Atlas, 2000. 388 p.

PRADO, Raquel Manzo. Sendas : bem-estar e motivação : os alicerces da produtividade. **Supermercado Moderno**, São Paulo, v. 33, n. 7, p. 12-20, jul. 2002.

PROMOTOR : sua contribuição é valiosa. **SuperHiper**, São Paulo, v. 28, n. 320, p. 170-174, maio 2002.

RAMIRO, Denise. A cadeia alimentar. **Exame**, São Paulo, p. 100, 10 jul. 2002.

RATTO, Luiz. **Comércio**: um mundo de negócios. Rio de Janeiro. Senac Nacional, 2. ed., 2008.

REDES estrangeiras compram supermercados brasileiros. **Boletim DIEESE**, São Paulo, set./out. 1999.

RIBEIRO, Luciano. Na boca do povo. **Jornal do Brasil**, Rio de Janeiro, 3 nov. 2002. Revista de Domingo, p. 19-21.

SAAB, William George Lopes; RIBEIRO, Rodrigo Martins. **Um panorama do varejo de farmácias e drogarias do Brasil**. Brasília : BNDES/Área de Operações Industriais, 2/Gerência Setorial de Comércio e Serviços, 2001. 5 p. (Informes Setoriais, 25) [capturado em 13 jan. 2003]. Disponível: http//:www.bndes.gov.br/conhecimento/setorial/get4IS25.pdf.

SANTOS, Angela Maria Medeiros Martins Santos; GIMENEZ, Luiz Carlos Perez; MATTOS, Carolina Barbosa. **Hiper e supermercados no Brasil**. Brasília : BNDES/Gerência Setorial de Comércio e Serviços, 1998. 40 p. (Estudos Setoriais) [capturado em 13 jan. 2003]. Disponível: http://www.bndes.gov.br/conhecimento/relato/hiperm3.pdf.

SUPERHIPER. São Paulo : ABRAS, v. 34, n. 385, abr. 2008.

SUPERMERCADO MODERNO. São Paulo : v. 39, n. 4, abr. 2008.

O VAREJO moderno na distribuição dos hortifruti : conhecendo os supermercados. **Revista FrutiFatos**, v. 1, n. 1, p. 5-15, set.99.

Sites consultados

www.sincovaga.com.br
www.abrasnet.com.br
www.averj.com.br
www.ibge.gov.br
www.paodeacucar.com.br
www.batavo.com.br/produtos/frprodutos.htm
www.acats.com.br
www.sm.com.br
www.revistalaticinios.com.br
www.alimentos.senai.br/appcc/index.htm
www.fea.usp.br/fia/provar/pesq25.htm
www.integracao.gov.br/pdf/frutifatos/frutifatos_01.pdf

Assessorias de imprensa contatadas

Amis (Associação Mineira de Laticínios)
Ampro (Associação de Marketing Promocional)
Carrefour
Colgate
Grupo Pão de Açúcar
Casas Sendas

Representantes comerciais

Editora Senac Rio de Janeiro
Rua Pompeu Loureiro, 45 – 11º andar – Copacabana
CEP 22061-000 – Rio de Janeiro – RJ
Tel. (21) 2545-4819
e-mail: comercial.editora@rj.senac.br

Editora Senac São Paulo
Rua Rui Barbosa, 377 – 1º andar – Bela Vista
CEP 01326-010 – São Paulo – SP
Tel.: (11) 2187-4450
Fax: (11) 2187-4486
e-mail: editora@sp.senac.br